U0617175

创业是条不归路

海归GEEK创业日记

范真◎著

ZHEJIANG UNIVERSITY PRESS

浙江大学出版社

图书在版编目（CIP）数据

创业是条不归路 ：海归GEEK创业日记／范真著. —
杭州 ：浙江大学出版社，2013.1
ISBN 978-7-308-10944-4

Ⅰ．①创… Ⅱ．①范… Ⅲ．①企业管理－中国 Ⅳ.
①F279.23

中国版本图书馆CIP数据核字(2013)第000529号

创业是条不归路：海归GEEK创业日记
范 真 著

策　　划	蓝狮子财经出版中心	
责任编辑	王长刚	
出版发行	浙江大学出版社	
	（杭州市天目山路148号　　邮政编码　310007）	
	（网址：http://www.zjupress.com）	
排　　版	杭州林智广告有限公司	
印　　刷	临安市曙光印务有限公司	
开　　本	880mm×1230mm　1/32	
印　　张	7.375	
字　　数	144千	
版 印 次	2013年1月第1版　2013年1月第1次印刷	
书　　号	ISBN 978-7-308-10944-4	
定　　价	29.80 元	

版权所有　翻印必究　　印装差错　负责调换
浙江大学出版社发行部邮购电话　（0571）88925591

目 录
Contents

创业之路，虽然很难，但殊途同归

我和范真先生的相识很有意思。初识"范真"先生，是在 2012 年 4 月，那是在筹备第五届南京国际人才与智力交流大会（简称"第五届留交会"）期间，我作为浦口区组团参会的主要工作人员，帮助镇街园区筛选有可能来南京参加此次大会的海归人才，尤其是有意向来区创业、同时申报"南京 321 人才引进计划"的人才。当时，"范真"（又叫 Fan zhen）这个名字不止一次出现，他的个人信息和创业项目得到了区内众多镇街园区的关注，相当受欢迎。最后，经过权衡，本着公平、公正和先来后到的原则，把范真先生的个人信息给了我的同事、江浦街道人才办的袁志成主任。就这样，我算是认识了"范真"。

范真先生给我的第一印象是认真。在第五届留交会期间，我见到了范真先生本人，他背个双肩包，休闲装，相貌憨厚，纯朴沉稳，一副随时准备上路的样子，彼时的他，确实行走在创业的道路上。因为当天工作繁忙的缘故，虽与他交谈不多，但印象深刻，他提了几个简单的问题，比如：浦口区的区位如何？对他这样的科技型企业的扶持如何？等等。很实在，没有半点吹嘘，也没有一点儿花哨。

再见范真则是交下了这个朋友。那是在 2012 年 5 月 4 日（周五），我印象很深，那天是青年节。因为申报"南京 321 人才引进计划"，范真先生不仅受到了我区各镇街园区的"追捧"，同样也受到了各区县园区的"亲睐"，为了确保范真先生的项目能成功落户我区，落户到江浦街道，袁志成主任邀请我一起去次上海，主要是为了帮助他们把前期对接的几个人才项目落实到位，其中就包括范真先生的项目。在范真先生不大的办公室里，随意的开场白、自我介绍后，范真先生把他在南京几个区考察的情况与我们交换了意见，同时也说了他的倾向和想法，只见当时，袁主任的脸色已经不再像平时一样笑容满面了，或许他感受到了一些压力。但，我从范真先生的讲述中感受到了他的真诚，感受到了他的困惑，也感受到了他的一些想法，我觉得，我们还是有机会"逆转"的。于是，我把自己对"南京 321 人才计划"的想法和感受讲给了范真先生听，尤其当我说到了："其实，不管是招商引资，还是招才引智，都是在与人交流，都是相处人的感情，用自己的真诚换取对方人才或投资人的信任。"这时，我更感受到了范真先生的和善以及对这个观点的认同。于是，我们的交流变得容易起来，接下来的事情也就顺理成章。

南京的夏天，出奇的热，但今年的 7 月，南京一直被阴雨笼罩，没有想象中的高温。在这样的季节，我们迎来了"南京 321 人才引进计划"第一批次的综合评审，范真先生因为通过了技术评审，也顺利入围，这也让我们有了再次相见的机会。这次，范真先生的打扮一如从前，在答辩时，也表现出了他应有的礼节和规范，不多的招呼声中，传达出一个强烈的信息：只要信任他，再给他一个机会，他就一定能够早日把卡玛 3D 这个项目做成功、做大起来。这次，让我见到了一个踌躇满志而又不急不徐的范真。

认识范真后，我们互相留下了联系方式和邮箱，从此，我就能定期收到范真先生关于创业、关于项目、关于生活等各个方面的感悟和随笔。截止 2012 年 12 月 10 日，他已写了 318 篇，其中我收到的是第 253—318 篇，这是因为我们相识仅半年光景。他非常执着地与朋友们分享着他的心中历程。

关于卡玛这个创业项目，我和范真聊过几次，虽然涉及很多技术，但他尽量用浅显的语言来表述，让我们能够一听就明白；他跟我聊过这个项目的不易和辛苦，但我感觉他是越挫越勇，敢于坚持；他也跟我说过这个项目进展过程中的人来人往、诸多不顺，但他每次都能坚守方向，一往无前；这一份信念和坚持，我想是他一直坚持前行的力量源泉吧。因为，他给我描绘过这个项目可能会带来的美好前景，以及它可能改变我们的生活方式和购物模式，一如我们已经接受的"淘宝"之类。

啰啰唆唆了半天，其实基于我对范真的认识和了解，我只想对他说一句：范真，我看好你；哥们，站直喽，别趴下；卡玛 3D 项目，我希望你有一个好的明天！

陈宏亮

南京浦口区海内外高层次人才创业服务中心

2012 年 12 月 13 日于办公室

自 序
Preface

　　记得有一次和大家一起开会，我随便问大家"老板是什么"。静说，老板就是光说话不干活的人。我听后哈哈大笑了很久。

　　也许是我在办公室待的时间总是不多，而且一回办公室就弄得大家鸡犬不宁——开会、讨论、发布命令——可不是光说话没干活嘛！具体的活都是员工干的，有时候我来掺和，反而是添乱。怪不得大家会有这种印象和想法。

　　那老板到底是什么？我记不清谁说过一句话，很真实，很传神：老板就是公司里谁都不能负责任的时候，那个最后负起一切责任或者最终责任的人。所以，老板首先是个责任问题。

　　一个朋友曾讲过在深圳和一些企业家聚会，每人都带着自己的女秘书，看起来关系暧昧。名片一拿出来，企业家是总经理、总裁，而女秘书是法人、董事长。事后一问，对方才神秘地解释说，她们不懂的，出了事，抓的是她们。这种做法，自然是不值

1

得提倡的。这是责权利没有统一的一个表现，也不具代表性。

当老板首先是个责任问题，发号施令不是因为这样做很酷，而是在做老板该做的事情。企业在成为法人的那天起，就有了自己的一个使命，这个使命也就是老板的使命，老板靠自己的力量是无法完成的，所以成立公司招聘员工来帮他。什么事情都亲力亲为的老板一定会累死，而且还很难做好，下属、员工会变得懒惰，整个组织的力量就不能发挥。如果是这样，那当初又何必成立公司招聘员工呢？

我之前有过几次创业经历，也打工做过大公司的经理人。自己再次创业后，总结以前的经验教训，采取了一种相对温和的民主的管理方式。这也符合我的个性和管理理念。老板最重要的是要保持头脑清醒，是"看路"的人。黄山风景区里到处有牌子提示："看景不走路，走路不看景。"做老板管理企业也是如此，看上去是老板坐在"车"上指手画脚，下面是低头拉"车"的员工。这没什么不对，本该如此。

如何"指手画脚"却是一门学问。你可以用手上的权力和利益让员工臣服，也可以采用更加民主的方式让人家心服，还可以两者结合。至于如何操作，就是个人领导风格的差异了。

创业难，难在劳心，时常午夜梦醒，一身冷汗。公司上下的操心事哪件处理不好都可能造成损失，甚至陷入困境。然而责任在身，无路可退，再难也要面对。有时是很想将这些苦、这些难写出来的，怎奈从一开始就决定将这创业日记公开给员工、股东、朋友看，所以也只能写些打气、鼓励和"正面"的东西了。再困难的情况、再大的委屈也要咬碎了，咽下肚里，变成营养，生出健康正面的新的想法，解决方案后才变成创业日记里的那些"报喜不报忧"。

人天生是不喜欢别人的烦恼和苦难的。将那些东西写出来，也很难博得别人的同情和喜欢。一个好汉三个帮，懦夫却没人愿意靠近。其实好汉也都在背地里当过懦夫，只是好汉懂得隐藏，示人的时候是好汉形象就 OK 了。公司老板必须是个"好汉"，懦弱、没主意不光让人瞧不起，还耽误事，做不成大事。创业、当老板首先就要让自己当个好汉。

以力服人和以理服人，一个省心一个省力。以力服人的老板自己就得出力了，以理服人的老板自己就省得动手了。孰优孰劣，高下立判。只是以理服人说得容易，做起来难。

真正大的创新是对人头脑中旧有观念的改变，我做卡玛三年来，对这个的体会最大。首先要改变的是自己，开始只是朦胧的一些想法，经过不断地思考、学习和尝试，这些想法也开始慢慢变得具体。你的朦胧的想法是没法和员工沟通的，更别说客户了。只有当想法变得具体后，才可以和团队沟通执行。但因为没有经过市场的检验，很可能无法和顾客、客户沟通，无法具体化为顾客、客户想要的东西。所以，在沟通的时候又可能孕育出新的想法、新的产品来，然后再次投入市场，再次接受顾客、客户的检验。如此循环往复，最终找到准确的市场需求和切入点。如果你的产品和服务是建立在对人的旧有观念的改造基础上的，这个过程就显得尤为艰难。但成功的价值自然也是巨大的。卡玛还没有成功，但是对这种未来巨大价值的坚信和追求，让卡玛一路走来，无怨无悔。

公司做到今天，最初一起创业的人走了大半，后来加入的也陆续离开了很多，有些是因为个人原因离开的，也有一些是因为对未来失去了信心。每次有人离开，我都感到痛苦、悲伤。很多时候，因为某人的离开，公司的研发、运转都会变得困难甚至陷入停滞。很多时候，我也想到过放弃，从经济方面看我也确实不需要这么辛苦了，但是一种对卡玛事业的理念和信念让我变得顽强。从时间上讲，我愿意后半生投身卡玛的理念和事业，所以不急，不以一时的成败论英雄。从困难本身上来看，没有一个困难是不可以克服的。办法总是有的，有时没有办法，还有运气呢。现在没办法，将来总有办法。现在条件不成熟，将来总会成熟。更何况，我还没碰上什么真正的困难呢。卡玛的事业在我眼里总是显得成功在望，现在就只是好事多磨而已。

创业的人一般是没什么心情写日记的，每天和玩过山车一样大起大落，情绪波动大，心脏弱点可能早就进医院了。而写创业日记需要能平静，能安静，能心如止水，能反思，那我是如何做到的呢？和我的经验有关。

我曾经经历过一次不幸而短暂的婚姻，那时的我一切以事业为主，公司要上市，我带领着几十号人负责研发。家，就如同旅馆。最后，婚姻失败，家庭破裂，事业也跟着最终走到尽头。从那以后，我悟出一个道理，事业和生活其实是一体两面，不可分割的。一定要能在家庭和工作之间平衡好，才能可持续发展。我是有事业心的人，但是要做好事业，家庭首先要幸福。这样才可以做一份对社会有价值的正义的事业。所以在这一次的创业过程中，我特别注重心灵的平衡，每每要发怒、要烦躁的时候，我就给自己放假，平静一下，转换一下环境、心境，重新思考，自然就容易看到问题本质，也自然就能柳暗花明了。所以，创业虽然艰难，但我却难得的很快乐。这和之前的创业、工作大不相同。无论什么事情想开了就都不算什么了。世上没有过不去的坎。

孔子说，三十而立，四十不惑，五十知天命。我已四十有余，在人生的道路上虽然也有了不少"不惑"，但感觉还是学无止境。探索生命是人生的终极目标，当事业可以和人生的终极目标结合时，这是何等快乐的人生啊。我在本书的《做企业是理解世界的最好手段》一文中解释了公司名称"卡玛"的由来。在我的公司里，卡玛，就是指网络虚拟世界的缘分。对网络的痴迷，对缘分的好奇，对探索、对创造的执着，还有什么能比我现在正在做的这件事更有意义的呢？这就是幸福，创业其实是一条幸福之路。

第1章

管公司

把专注做到极致

新招了个产品经理，从广州投奔来的，以前也是做 3D 购物商城的，创业失败后，投奔我们来了。根据他的能力和特长，我们安排他做产品经理。他果然想法很多，点子也多，思维跳跃，他最大的爱好就是去看各种各样的网站，研究各种各样的新事物。无论我们提出什么样的创意、点子，他都会说，哦，这个有人做了。而他也是喜欢三天两头"骚扰"大家，推销他的新创意、新产品、新点子，但是不考虑实现的可能性，以及与我们平台的吻合度。我一开始是鼓励这种天马行空般的创意的，或者说，我认为不应该对思想、创意加上限制条件。只是后来，自己也发现这样效率太低了。毕竟，我们也应该提倡专注。我开始给这个产品经理画框框——不能太脱离实际。

当每家航空公司都既运货物，又运旅客；既飞国内，又飞国际；既提供经济舱，又提供商务舱和头等舱的时候，美国西南航空公司只做客运，只飞国内，只提供经济舱，除了花生，不提供其他食物，不准携带宠物，不能提前预订座位，不提供特价票，只用波音 737。西南航空的 CEO 在谈到一次并购一家小航空公司的机会时说，我喜欢他们的航线，但不喜欢他们的飞机（非波音 737）。西南航空算是将专注做到了极致。

专注带给西南航空什么呢？是更低的管理和运营成本，更少的出错（西南航空的投诉率是美国其他航空公司的零头），更高的效率，更有效的沟通，更强的品牌形象，更高的利润率。

两年前，我和家人说，从今往后，我"只出不进"了。除了书以外，我不再买任何新东西了——不买衣服，不买鞋子，不买电子产品，不买任何以往可能引起我购物欲望的东西了。现有的东西坏了，就扔，也不添加新的了，让自己的生活从此开始简单。当我做出这个决定时，我几乎感觉到自己一下子就变得快乐了。车子被刮花了，不影响开，不管它，开心；无绳电话开始有噪音，把父母家的旧电话拿来用，不买新的了，开心；在露台上种点白菜，从邻居家"偷"点砖头来自己砌个菜池子，不花钱，废物利用，开心；手机丢了，淘宝网上买个 400 元的也能用，开心……想想以前很多的不开心都是因为成为物质的奴隶造成的。去美国买个 Roomba（自动吸尘器）回来，用了没多久，电池充不进电了，苦恼，后来到处找配件，最终找到了，但现在只是摆在那里很少用。家里还有另外三个吸尘器，也都很少用。老婆喜欢跪在地上用抹布擦，她说这样锻炼身体。这些"没用"的家伙坏了，还急着去修。想想，人什么时候变成物质的奴隶了？所以，自从提出"只出不进"后，我真的变得开心很多。钱用起来才有价值，也才能创造价值，东西也是如此，要"压榨"东西为人服务，别对它产生感情，反过来伺候它就本末倒置了。少了物质的羁绊，人也就能更专注在真正有价值的东西上了。不是吗？

「朝令夕改」有时也是一种美德

今天是周一，一个星期的计划需要在今天制订好。我发现我虽然对公司有长远的发展计划，但是落实到微观层面，最多也就能制订一个星期的计划，每个星期都需要作调整，而且每个周末回看一个星期的计划执行过程，会发现，跟计划相比差别很大，意外的事情占了相当一部分。但是又不能没有计划，只有计划才能让你逐步靠近你的目标。因此每周一早上我们必开例会，讨论本周的工作计划。

不过，这个计划只是粗略地定一下，因为小公司的发展需要弹性、韧性、变通。任何事情，一旦固定住，就只会产生惰性、依赖性。对 ambiguity（不确定性）的包容度是衡量一个企业家的随机应变能力的指标。你在多大程度上能包容不确定性，你就能在多大程度上真正掌控公司。那种看似说一不二的杀伐果断其实往往会将企业推向绝路。创业阶段、企业早期，要善于抓机会，适应环境，学会变通。"朝令夕改"有时也是一种美德。

我们经过半个多月的调研最终决定采用一种技术作为我们的开发框架。项目进行了一半，从一个偶然的机会中得知另一个技术可能更好。我花了点时间研究后，确认新技术有老技术不能比拟的优点，于是将进行了一半的项目叫停，并采用新技术架构全部重新来过。很多人不理解，不支持，闹情绪，我也只好开会做工作。大家闹情绪的原因是因为原先那个技术在当时也是作为替代方案实施的，结果替代方案又被替代，让人变得无所适从。

这种例子太多了，多到令人怀疑"按部就班地坚持"反而是一种恶行。小公司的"朝令夕改"就是一种生存需要，你不这样做，你就是找死。一个员工突然生病了，工作就要做调整。对大公司来说也许相对容易些，从其他项目上抓一个人过来就是了，或者团队内部重新分下工也可以。对小公司来说，一个萝卜已经是几个坑等着了，因为一个人生病就可能没人有能力、有时间去接手而造成项目、研发的停滞。你说，这时还不需要做出调整吗？一个新的想法或者点子可以改进现有的技术、产品或流程；原来的一个问题或者困难突然因政策改变而解决了，绊脚石、拦路虎没有了，新的机遇来临了，你还能"视而不见"，按"原计划"进行吗？很多时候，那些只会按原计划进行的领导其实并没有在领导，他们怕麻烦，怕变化，追求安逸，避免"朝令夕改"其实是给自己的懒惰找借口。小公司、创业公司，如果碰上这么个领导，那可能会死得很快。"朝令夕改"其实是一种应对变化的自然心态、积极心态，在这个意义上说，它的确是一种美德。

竞争对手

因为明天要面试竞争对手公司过来的一个人，今天去他们网站看看有什么新东西。结果看到对方 CEO 的一段话："我们希望在未来中国的互联网上有一个成功案例，不是由外国人教给我们的，也不是运营外国的产品而成功的，那，就是我们！祝福和怀疑我们的同志们，拭目以待吧！"原来不光是我们碰到许多质疑和不理解，竞争对手也受同样的困扰呢。我们和竞争对手不是一个量级，他们大，我们小，他们资金雄厚，我们"吃了上顿没下顿"。但是在创新的道路上，大家是平等的。我们面对着一个更强大的共同的敌人，那就是观念。改变人们头脑中的观念需要时间，而时间并不站在我们这边。

我对这位 CEO 并不了解，也没有见过面，但我挺欣赏他这句话："……首先是从哲学层面进行创新，当哲学和理论被理通之后，才进行商业模式的规划。"哲学的高度是需要的，但是最后一定要能以最浅显的语言来诠释，否则就还是没落地的商业模式。离公司门口最近的员工都能理解的商业模式才是有价值的商业模式。

我们下意识地都会害怕竞争对手，尤其是比我们更强大的竞争对手。市场就那么大，有你的就没我的，你多拿，我就少拿。没理由对竞争对手友好吧？其实，这种观点是狭隘的。

竞争对手有一种积极的意义，他让我们看到自己身上的不足，我们可以从竞争对手那里学到自己没有的东西，从而提高和增强自己的竞争力，同时也自然可以更好地为客户、为社会服务。没有竞争对手的结果往往是停滞不前，失去发展的动力。竞争也许在个体层面是残酷的，但是整体来说它对提高社会资源使用效率、提高产品质量和服务、最大化社会价值方面有着积极的意义。

有竞争对手，在创业路上才不会感到孤单。从这个意义上讲，应该感谢他们。

第一个收费的单子

公司今天签了有史以来第一个收费的单子：15000 元，两家店。对方要求 10 月底上线。同时，战略性合作、推广的意向单也签了几个。免费店的单子也有一些进展，相信过些时日便会有大量收获。一口气新招了三个设计美工，现在正在培训。昨天开了一次公司全体大会，气氛不错。最后我贡献了九张世博会门票给大家抽奖。晚上打电话给小赵，让她在公司附近找个可以打羽毛球的场子长期包场。大家都该放松放松、锻炼锻炼了。之前在浦东软件园的一次路演效果也不错。现在听到最多的反馈是人气不足，这恰恰是我们最不担心的，因为还没开始推广，还在改进产品，还不想让竞争对手知道我们。等到时入驻的商家配合一起推广，很快就会热闹起来。也许会有很多风投开始跟踪我们、联系我们，合作的也会越来越多。这个模式开始被大家看好、接受，也许不久的将来会被追捧也说不准。

　　我从小到大还算是能把握住自己命运的人，总能做到一定程度上的"心想事成"：高中爱好文学，逃课，高考前才开始努力学习，两个月后从全班倒数第四变成高考成绩顺数第八，上了重点大学。后来生出想出国的想法，也顺利考了 TOEFL、GRE，去了美国。因为没有被动地受过什么委屈，养成了心高气傲的性格特性。虽然以前有过几次创业经历，顺利的太过顺利，不顺利的又"及时"放弃，还是没有得到磨炼。这次创业在这方面确实让我受益良多。男人的人生如果缺少了磨炼，实在是一大损失和不利。马云说，男人是委屈喂大的，确实有些道理。

　　职业经理人管理公司表面上有板有眼，其实缺乏灵活性、创造性。其原因就是没有创业经历，对很多事情认识不深。创业真是让人成长的最好的磨炼机会。每个教训都是那么深刻。创业者对公司的把握也是最实在、最合理、最有效的。当然，如果创业者以前有过大公司的职场经历，见识过大世面，对公司的发展也会非常有利。这样，不容易迷失方向，也更能坚持。

　　离开公司的几个人，现在都还在努力地帮助公司，这让我非常感动。创业中结下的友谊和战友之间的友谊有些类似。大家一起奋斗，克服困难，互相帮助的日子总是最难忘的。

有钱的人大多是有梦想的人

公司的魅力现在越来越大了，一个有着十几年市场经验的留日海归愿意加盟我们了。公司太缺一个懂市场的高手了，对他的到来大家都充满期望。小宋给我看了他破解的最新版 LoadRunner[1]，他现在自愿承担起自动化测试的任务，俨然成了黑客，眼神里充满了骄傲。小唐昨天做了 400 人同时在线压力测试，服务器一点儿问题都没有。当时，客户端都纷纷承受不住了，可服务器端还是很小的负荷，了不起。昨天下午我缺席，他们开了产品会，效率很高，我的担心都多余了，以后这方面要放手给他们。代理协议、三方协议、技术输出框架协议、服务合同等都有了初稿，周一讨论定稿后，就开始执行了。小谭在群里发了个卡通版的场景，大家都说好，有点意思。每个人现在都在

①LoadRunner，是一种预测系统行为和性能的负载测试工具。——编者注

创新了。青松想出了一个颇有"助推"（nudge）意味的方法来对付那些不配合上传商品的商家——店铺名字灰色，商品上传得越多，名字就越黑、越清楚，而且搜索排名还会靠前——绝妙的主意。小邢已经开始研究新版的服务器和客户端了。据说有了很多改进，非常值得期待。新来的小张很有激情，对我们的产品最有信心。南京老许下午在 QQ 上对我说，你们产品不错了，恭喜啊。

中午和张总一起去了趟浦东软件园，又看了两间。最后确定了，年后就搬。顺便去了碧波的公司看看他的装修。他不在，他老婆在。"碧波上次从你们那里回来，说你们公司的技术太牛了"，听了心里美滋滋的。

回来的车上听"赚钱的智慧"，好听。事业有成、有钱的人大多都是有梦想的人——这句话我认同。突然想到联想的广告，"人类失去联想，世界将会怎样"，怪不得成不了最伟大的公司，一句简单的口号档次都降这么低，企业使命，从何谈起。应该改成"人类失去梦想，世界将会怎样"，同时，将联想解释成"联合梦想"。柳传志，我说的怎么样？

一点曙光

明天有个单要签了，对方一出手就要豪华版的，对我们的产品、技术和未来表示信任和支持。感谢！今天刘总从北京过来谈具体投资和加盟的事情，又多了一个伙伴。昨晚，小林打电话来，说明因对其他人有承诺暂时过不来，但是愿意免费帮助公司做设计，他太喜欢我们做的事了。又来了两个程序员加盟，一个来自安徽，一个来自广州。好的事业终究会得到"善人"的支持。

创业分为两个阶段：第一个阶段是萌芽期，或者幼稚期，往往是创业者本人在打拼，事必躬亲，什么都做。然后很快就遇到瓶颈。这个时候，就算每天投入十四五个小时，一周工作七天，他也忙不过来了。此时已进入第二个阶段，需要找别人来帮忙了。对于自己，则要解放自己去思考未来，思考战略。原来是低头拉车，现在则要抬头看路，可是路在何方呢？我们走了很多弯路，技术上的、产品上的、市场上的，现在还在摸索当中。就好像被困在山洞里，挖啊，挖啊，终于看到一点亮光了。现在就是这个状态。

两年前开始创业的时候，朋友说，你这个想法很好，可是它适合你这种级别的人去做吗？你有多少钱去做这件事？无知者无畏，我就觉得这件事很简单，本着"人性善"的美好信念，认为好东西大家都会宽容、认可、追捧、支持。真是太理想了。可是，后悔吗？一点儿也不，还暗自庆幸呢。追求理想的人才有成长的机会和空间，而所有的创新都需要有理想的人去实现。

做个「笨」企业家

每个周六晚上都是家庭聚会的时间，弟弟家我们家都到爸妈这里一起吃一顿家宴。昨天老爸去北京出差了，但家宴还是继续——因为厨师（老妈）在。吃完饭，我去客厅陪侄女看电视。儿媳妇们和老妈在餐桌上继续聊天。她们在聊老爸。

老妈说老爸不是很聪明（不聪明能是天津大学有史以来最优秀的毕业生？），但是很认真。做事从来都是一丝不苟，有条有理，所以能成就一番事业，赢得别人尊重。

其实，不只是老爸，他们那一代人做事都要认真得多。物质匮乏的时代养成了节俭的习惯。废旧报纸都会叠整齐了，捆扎好，再拿出去卖。前些日子，他们的老海尔冰箱不要了，想换个新的。我说给我吧，我公司正好需要一个冰箱。等我带着同事过去搬的时候，老爸正在仔细地里里外外地擦拭。这是对他人的一种尊重，这种对他人的尊重和关心让他做事情格外认真仔细，毫不马虎。

　　联想到企业对消费者的尊重和关心，这在我们国家现在是极其缺乏的。"大头娃娃奶"、"三聚氰胺奶"、"皮革奶"，连入口的东西，给小孩子吃的东西都是这样，可以想象其他消费品是如何制造、如何生产，以及如何卖给我们的。唯利是图，没有道德底线的结果就是失去消费者的信任。现在又暴露出这样的问题：同样是"中国制造"的商品，在国外比在国内还便宜。媒体纷纷报道的同时，也在引导大家反思为什么会是这样。中国的消费者不被尊重、不被关心几乎是伴着改革开放、商品经济的发展一路如此的。以前是只要有商品就会被疯抢，后来是只要便宜就行，现在是既不便宜，也不高质量。消费者的忍耐到了极限了。

　　发展内需的前提是尊重消费者，消费者花钱买产品不只是买这个产品的使用价值，更多的是购买精神上的享受和满足。让·鲍德里亚的《消费社会》一书早在20世纪80年代就提出了人类购买产品和服务是消费产品的符号价值。产品的符号价值（产品所代表的感情和感官上的东西）要远远大于其使用价值。衣服、包包、手表、汽车……你所能列举的几乎所有零售产品都是如此。越高端、越奢华、越昂贵的产品其符号价值越是远大于其使用价值。而"符号消费"就离不开尊重，因为你卖的是感动。

　　中国消费者是长期被忽略的一个群体，他们似乎从来没有话语权，被侮辱、被忽视、被侵权成了常态。十年前我刚回国在世纪联华超市的退货处看到一对老夫妇想退一个电饭锅，锅子有毛病，总是过几分钟就自动断电，一锅饭要煮熟需要不停地去按下开关。负责办理退货的营业员百般刁难，竟然要老夫妇自己打电话给厂商洽谈修理事宜。我一拍桌子，大吼一声："你给不给退？"问题就这么解决了。原来他们所谓的"刁难顾客"就是欺软怕硬。

全世界国家都是把自己最好的产品留在国内卖给自己人，只有我们中国是好东西出口为国家创汇，自己人只配买些假冒伪劣产品，或者出口转内销的产品。很多商家为了标榜自己产品质量过硬，就说是外贸尾单。实在是可悲，可耻！

前日去了一趟淘宝网，和淘宝网的一个资深产品经理聊，他说淘宝网上的商家现在开始注重品牌建设了。这是大势所趋，那种卖地摊货可以赚钱的时代一去不复返了。如果淘宝网都开始有这种转变，消费者真正成为上帝也许在不久的将来在中国成为现实。

陈年曾经将自己的成功归为"笨"。用最笨的办法做生意，绝不取巧，这是凡客诚品成功的原因。这也许是为什么老妈说老爸笨吧。

但愿将来我们国内每个企业、每个企业家都变"笨"。其实"笨"就是聪明，是一种大智慧。

小富翁和大企业家

终于看完了《创业圣经》这本书，很有同感和深受启发。虽然是讲创业，但对任何阶段的公司都是非常有价值的。它分析了创业成功的三个必要条件：创新、量化和统一管理；分别对应创业需要的三个角色：创业者、专业人士和管理者。

创业者就是那个开拓者、创新者、梦想家、行动家。他有敏锐的眼光发现市场机会并付诸行动去抓住它。创业者无法忍受千篇一律，他永远都是改变世界的原动力。创业者对应创新。

专业人士是具体的执行者，他是那个对事比对人更感兴趣的人。他只在乎正确地做事。他认为任何事情的完成都有它自有的规律和条件，他会沉浸在做事的乐趣中而忘了这件事情本身的意义和目的。专业人士是那个会让你走开别打扰他的人。专业人士对应量化。

管理者是让一件事能够有条不紊地执行下去的那个人。他就是失败也要失败得井井有条的那个人。他认为意义和价值是需要靠管理才能保障和实现的。而系统管理，或者说统一管理就是充分调动各方面资源，有效利用，在严格的流程和标准下高质量、高效率地执行。管理者对应统一管理。

没有创业者的由专业人士和管理者组成的公司是一个没有灵魂的公司。只有专业人士的公司是研究所。只有创业者的公司是做不大的公司。只有当创业者、专业人士和管理者三方平衡，都能充分尊重其他各方，一起努力的时候，这个企业才有成功的可能。

企业要做大，一个庞大的专业人士团队非常重要。这也是中国为什么缺少世界级大企业的根本原因——我们缺乏专业精神，我们做事不注重科学和量化，以至于成功不能被复制。

中国不缺企业家和企业家精神，所以我们有许多小富翁，却很少有真正的大企业家。这么庞大的国家和市场，这方面是说不过去的。

手摇研磨
咖啡的诚意

　　我喜欢喝咖啡，而且不会因为喝了咖啡而变得兴奋。晚上喝了咖啡马上就睡着的情况也时有发生。公司在兰村路民房的时候太挤太热，我经常会去附近的星巴克办公，点一杯 12 元的小杯"本日精选"待上大半天。后来搬到金桥，附近没有星巴克了，但是有了一间很大的办公室，就把家里的咖啡机搬来公司，然后买了一个手摇的研磨机，自己煮新鲜的咖啡喝。只是磨咖啡豆是个苦差事，要磨半天。开会的时候，我给大家煮咖啡，青松总是自告奋勇磨咖啡豆。后来，我还是买了一个电动的研磨机，这样一分钟不到就能磨好咖啡了。可是，青松不高兴了。原来，他喜欢手摇磨咖啡。

　　今天看了一本书，讲的是星巴克创始人舒尔茨曾经在自己的博客中提到他的一些担心。他担心星巴克改变了磨咖啡的模式（原来是手摇研磨，现在都是电动的了），会引起其品牌的弱化。一味追求速度和效率的结果是失去了以前的浪漫和气氛。而那正是星巴克之为星巴克的灵魂。

速度和效率是控制的产物，一个企业追求速度和效率必然要在控制上下工夫。这是工业化时代的思维模式。这也是我们看到众多"标准"的公司冷面孔的根本原因。个性化是控制思维的天敌，自由自发是标准化的天敌。没有个性，缺少自由的员工是控制思维模式的必然产物。只是，时代变了，追求卓越必然要有个性。卓越公司是有个性的公司。

有个性的公司才能提供有个性的产品和服务。有个性的公司必然需要有个性的员工。员工的个性在这里得到发挥而不是抑制。关注员工和顾客在感情上的需要，而不是仅仅完成一个又一个的销售指标和服务指标。用心去工作，去服务。当你这样要求你的员工的时候，你就不能去采用控制的手法管理公司。控制的结果是速度和效率。而感动需要个性。这也是为什么手摇研磨机的"低效率"恰恰能优于电动研磨机的高效率的原因——感受过程是无法替代的。

大公司的毁灭力

真正的创新大多来自名不见经传的小人物、小公司。拥抱创新的也多是名不见经传的小人物、小公司。而一个创新的成功也往往意味着停滞及保守的开始。

亲身经历了一次小公司被微软这样的巨头收购后文化上从年轻、激情、无所顾忌地创新到衰老、保守及停滞的转变。这其中的无奈，人才的逐步流失，激情被KPI（关键业绩指标）所取代，创意被流程所消磨，而我作为一名保守的职业经理人竟然是这种令人痛心的转变的帮凶。

深圳的这家小公司被微软收购前有一百多号员工，年轻，充满朝气。收购后，公司的职能目标也跟着改变了，从原来注重中国市场和销售转而为美国做研发外包了。这种转变本无可厚非，因为是更高层面的战略决策，但是这也就浪费了一大批做市场、做产品、做销售的人才。微软不会开除他们，但也没能安置好他们的工作，虽然给他们提供了不错的工资福利和待遇，但是这些人才却很难发挥原有的作用、创造应有的价值了。同样，原来做技术的很多人才用国内小公司的标准衡量是合格的甚至是难得的高手，他们积极、热情，富有解决问题的能力、想象力和创造力。但是用微软的标准一衡量，都变成不合格的，代码不规范，不遵守开发流程，英语不过关，这些人陆续也都自己"知趣"地辞职离开了。当这个小公司花了两年时间终于完成"转型"，成为一个合格的微软研发部门后，原来的人员几乎都走光了。微软当初买这家公司为了什么？买的是什么？好端端一个公司就这么被微软给毁了。

前天晚上在中欧工商管理学院听了 Simon Murray 的一次主题叫"Journey"的演讲。礼貌的介绍，中规中矩的自我感觉良好的个人夸耀，听众很"配合"的提问，整个无聊之极。现场有中央电视台在录像。我却失望地早早离开了。

当手握资源的所谓成功人士或组织在不知不觉中压制创造性、压制年轻人、压制激情的时候，实际上也是在压制我们这个社会的活力。在民间，草根层面的那种创造性之所以能够激情澎湃地呈现出来恰恰是因为权力不能触及。它们也许显得粗俗不堪，也许让很多人消化不了，但那里才是真正的创造之源。

怎么把车开直

很多年前一个朋友学开车，问我："怎么才能把车开直？"我告诉她："眼睛要看着路前方，不要只盯着汽车前面几米的路。"她一试，果然汽车就不再开得歪歪扭扭了。

走钢丝的艺人，他的眼睛如果看下面或者钢丝就会摔下来。他们的眼睛要始终盯着钢丝另一头的一个杆子或者类似的目标，这样才能走得平稳。

我在我们公司里推行 Scrum。Scrum 是一种团队工作方式，它所基于的理念就是具体做事的人最清楚如何做事，他们唯一需要的就是目标和沟通，其他的任何"指导"都是多余的。比如，现在有一个任务"从上海到南京"，如果是 Scrum，你只需要告诉我什么时候到就可以了。至于是买火车票，坐长途车，还是自己开车去你不要管。火车晚点、路上交通堵塞等通通都是我自己的事情。相反，如果是 Micro Management（微观管理），管理人员就会告诉员工具体到达南京的交通工具，什么时候出发，带什么东西等，员工也就乐得不动脑子，这样出了问题，只要说，火车晚点了，汽车抛锚了，就似乎没有什么责任了。当你的管理"具体而微"的时候，员工就没有了目的性。没有了目的，就好像开车只盯着汽车前方，走钢丝只看着脚下，结果就是车开得歪歪扭扭，走钢丝会摔下来，而工作就只是应付了。

Scrum 首先是目标的确立，团队一起确立总目标或者大目标，然后分割分配到个人。因为是团队项目，所以还要及时地沟通，每天都要沟通，开 Scrum 会议。在会上，每个人都要报告自己完成了什么，正在做什么，明天准备做什么，有什么问题。大家都清楚了别人的成果和进度后，就更能把握好自己的工作以配合团队目标。同时，问题在大家的讨论和帮助下，也能得到及时的解决。Scrum Master 这一角色是协调会议，做记录，不可以对每个员工的具体工作指手画脚。

在一个团队中，成员最迷惘的就是不知道其他人在做什么，不知道自己的目标，不知道自己的目标和团队目标的关系及意义。而 Scrum 就是这样一种非常适合团队协作的高效的适合现代工程和项目管理的新型管理及合作方式，值得大力推荐。

别贪便宜

最近公司在做产品迁移，虽然还没有完成，但是已经看到一些非常好的转变了。公司过去这半年闷头做产品，一个产品接着一个产品，一个功能接着一个功能，设计、界面也是改了又改，全力做用户体验，就是没有仔细听听用户的反馈意见是什么。直到自己发现在北京、成都、杭州、无锡都有无法登录我们网站的情况发生。把问题反映给技术部，技术测试了一下，报告说没有问题，我们这里一切正常。真是见鬼了。回去安排了一个测试小组，然后发动全国的亲朋好友从各地测试我们的网站，然后将问题汇总，惊人的问题暴露出来了：部分地区上不去，能上去的都很慢，最长的加载时间是 17 分钟。这才引起公司上下所有人的重视。大家从网络、服务器配置、CDN（内容分发网络）加速、缓存等各方面找原因。然后制订了一个整改及产品迁移计划。首先，将服务从现在的托管机房迁移到云计算机房

（测试结果用一个同事的话说："很久没有这么畅快地访问过我们的服务了。"）。其次，尝试将服务迁移到 Linux 系统上，升级客户端到 3.1。最后就是换 CDN 服务。我们现在的 CDN 服务是一家排不上国内前十名的深圳公司，当时图便宜，也没有仔细比较，对CDN 服务也不是很懂，随便选了这家，结果造成很多问题。更换CDN 服务后，应该会有一个质的提高。

回想这段时间内很多潜在的投资人、顾客、合作伙伴、客户，他们上我们网站发现上不去，或者很慢，还经常崩溃，有可能将这些情况告诉我吗？一般不会，人家只会摇摇头，心里暗想，新东西就是靠不住。唯一的几次直接反馈给我，也是很客气的，说也可能是他们自己网络的问题，结果没有引起我的重视。为此流失的机会，实在是可惜得很。干革命还是不能光靠热情，要讲究方法。自从这次发现问题后，我们就建立了永久的测试体系和测试团队——问题不光要靠自己去解决，还要靠自己去发现。

还有就是，千万不要贪图便宜，在选择服务、硬件、网络上打折扣。

老板亲自发传单

公司印了一批宣传单页，双面 A4 压线，可以折成三角形当桌面摆设。其中，一面介绍公司产品，另一面是新国际展览中心第二年的会展信息。我们想，这样对用户有些用处，不至于看完就扔了；折成三角形放在桌上也很酷，等于长时间给我们做广告。为了发起来有效率，我们还在 58 同城上招了两个漂亮女孩，一小时 15 元，她们就住在新国际展览中心旁边，白天可以随叫随到。我们计划早上在展览中心的门口发，那里人流量最大，按 10 秒钟发一张，一小时就是 360 张，一个人一上午 4 小时可以发 1440 张，打个折扣算 1000 张好了，两个人就是 2000 张。我们印了 5000 张，最慢，三天就可以发完。印刷成本 700 元，加上发的成本，1000 元正好。如果这 5000 张中有一单生意，本就回来了，还能小有利润。可是，事实完全不是那么回事。

昨天小赵带着一捆传单（1000 张）去了展览中心，结果被那两个女孩放了鸽子，打她们电话也不接。没办法，小赵只好自己发。因为下雨，没法在门口发，就到里面发，但总是被保安驱赶，还威胁要没收传单。匆匆发了十几张，小赵就回来了，很是沮丧。

今天早上总算不下雨了。小赵这次少带了些，只带了一半，500 张左右。两个女孩这次来了，并解释说，昨天下雨，以为我们不会去发，就没来。小赵给她们分了传单，然后三人就站在门口开始发。9 点钟参展的人陆续前来，可是天太冷了，人们都把手揣在兜里，不愿意伸手接传单。发了半天，也没发出几张。两个女孩开始抱怨，并说，这么冷的天，只给一小时 15 元，太少了，要求 20 元。小赵很策略地回应说，你们要让我看到成果，你们发得好，我就给 20 元一小时。三个人在门口发了一会儿，看效果实在太差，就进到里面发，还是被保安到处驱赶。其中一个女孩比较聪明，把传单折成三角形后偷偷塞给行人，这样目标比较小，不太容易被保安发现。就这样猫捉老鼠般发了一上午，三个人一共发了 200 多张，剩下大半小赵又坐公交车带回公司。

明天是周六，最后一天，然后整个 12 月份就没有展览了。看着堆积如山的传单，大家开始发愁——这什么时候才能发完啊？

我下午没什么安排，就对小赵说："走，我们两个再去一次，我倒要看看如何难发。现场想办法，找窍门。"

因为三个人一上午才发了 200 多张，下午我们就只带了小赵上午剩下的 300 张去了。停好车，顺利进入展馆，一问，才知道有 E 馆 7 个，W 馆 5 个，N 馆 5 个，T 馆 6 个，总共大大小小 23 个馆。

我改了主意，对小赵说，我们不发行人，只发展位。我们从最近的
E7 馆开始，我走到一个角落的展位，拿出一张传单，递上，嘴里
说道："你好，我们是为企业做 3D 网上展示及互动的。"对方答道，
"哦，我看看"，然后接了过去。成功。接着下一个，也很顺利，再
下一个……速度很快，效率很高。小赵在旁边看了，对我说："那
我去 E6 展厅。"我说："好，发完了，我们在这里碰头。"

40 分钟不到，300 张都发完了，效率太高了，和计算的理论
值差不多。"走，我们回去再拿些来发，把其他人也叫上，今天把
E 馆都发完。"这时已经下午 2 点钟了，而闭馆时间是 5 点半。

开车回到公司，我拆了一整包（1000 张）。然后拉上静、谭，
再加上我和小赵一共四人，再次杀回展览馆。这时已经 3 点了。
"我发 E5、E3，谭发 E4，小赵和静发 E2 和 E1。发完，大家在 E5
碰头。手机开着，如果保安找你们麻烦，打电话给我，我给你们
做后盾。"我给大家打气，然后就分头行动了。

刚发了没几张，手就被割破了，用另一只手按了一会儿血止
住了，接着发。一边发，一边总结经验，看到展出的产品比较大
型的公司，我就说，"我们给企业建 3D 模型的"。展位小，产品
是面向终端用户的，我就说，"我们给企业做 3D 店铺和网站的"。
其他的，我就说，"我们是给企业做 3D 网络展示及互动的"。发
的时候，要直视对方眼睛，态度要坚决自信，面带微笑，绝不拖
泥带水，发完就走，节省时间。等我发完两个展厅，我给谭打电
话，他说他在 W1。"E4 发完了？"我问。"没有，我刚发了几个，

手就割破了，然后我就忘了方向了，不知道哪个发了，哪个没发，所以只好找个新的展馆发。""那你 W1 馆发得怎样了？""不好，他们都不收，还让我讲英语。"也许那个展馆里是外国公司，于是我让谭回到 E4 继续发，我去 W1。再打电话给小赵，她们也在 W 馆发呢，E1 和 E2 已经发完。好，效率挺高。

已经有展位在拉透明胶带、准备下班了。我加快了发的速度，有时候，干脆就直接将传单放在人家的桌子上。一个发报纸的人就是这么干的。效率成倍提高。天也黑了，我们又聚集在一起，总共还剩下 100 张左右。两个小时四个人发了近千张，一人一小时平均 100 多张。小赵穿高跟鞋，加上上午已经发了半天了，中午饭都没来得及吃，我看了很是心疼。

回去的路上，我和谭总结经验如下：宣传单页不应该做成三角形，多此一举，用户并不喜欢；也不需要印明年展会信息，因为来这里参展的企业一年也就来这一次，基本不会关心会展中心的其他展览。发给行人，不如发给参展商。单页上要印公司 E-mail，单页上的案例图太小，内容太杂。下次最好根据展览有针对性地设计和印刷，不要印 5000 张，印 1000 张就好，但一定要契合展会及参展企业的特性特点。还有一点，一定要自己来发，因为我在发传单的过程中碰到几次对方马上就表现出兴趣、非要拉住谈谈的情况。如果是雇人来发，这个商机很可能就丢失了。被雇的人也不会像我们这样负责、认真。

小赵辛苦了，真是好样的。尤其我很不体贴地说明天接着来发时，小赵毫不犹豫地就答应了。还是谭在旁边提醒说，不要一次发那么多，留些慢慢发。如果生意真的很好，我们也做不过来啊。有道理。明天周六大家好好休息下吧。

关于创业，这些年有了一些新的体会。我在不同年龄段有过几次不同的创业经历，再加上大半年的天使投资经历，看过不少项目，结识了不少创业者，对创业也有了些自己独特的认识。

首先，我认为创业是为社会创造价值，或者至少你自己认为是在为社会创造价值。目标仅仅是赚钱的人，很少会有长远的眼光、坚定的信念和顽强的毅力。赚钱是商人、投机者的特点。真正的企业家很少有眼睛只盯着钱的。但是，尽管这么说，一般人还真是很难区分商人和企业家。不过，企业家自己都心知肚明。

法国有位思想家更是走极端，他认为只有企业家才会为社会创造价值，所谓的管理其实都是在维持现状。只有企业家才会制定公司的目标、意义、使命。管理是科学的执行，它不再产生任何新东西。社会的进步来自企业家精神，企业家是推动社会向前发展的原动力。

企业家群体追求意义。企业家不太会听从别人的指挥，这也许就是老板和打工者的区别了。

企业家也分层次，创业也有高下。目标越远大，层次就越高，当然困难也就越大，阻力大，问题多，风险大。问题是，有的企业家天生就不喜欢小打小闹。如果，做企业都是十拿九稳，小打小闹地做，这个社会也就不会丰富多彩了。

历来的经验表明，大的风险必然伴随着大的回报。做更好的蜡烛和发明灯泡哪个风险大？生产一个普通的 MP3 和挖空心思设计 iPod 哪个付出多？中国过去这几十年的经济发展，催生了一大批企业家和创业者。他们承担了风险，同时也拥有了今天的成就。

创业是条不归路，走上创业这条路，你就选择了积极，选择了意义，选择了承担。你不得不依靠自己，把握自己的命运，挑战实现目标道路上的一切困难和问题。

创业很多失败了，我看了不少创业者，我已经预知了他们失败的未来。这些创业者缺乏很多东西，其中最最重要的一种东西就是对意义的追求。有了这个，你就有了为这个社会创造价值的机会；在追求意义、实现意义的过程中，你就能不断学习，超越自己。只要活下去，你就每天都离这个意义更近一步。这样的创业者，失败的概率接近于零。

一群 50 多岁的日本退休妈妈们创立了一家乌冬面馆，她们兢兢业业，勤奋努力，目标是把这家店做成大阪地区最好的乌冬面馆。她们坚持了 20 年，这个目标早已实现，但是她们还在努力之中。

我们中国的企业家机会太多，变得浮躁起来，反而经常忘记做企业、创业的意义了。企业做大了，意义反而丢失了。这是我们企业缺乏灵魂、缺乏使命、缺乏文化的原因。

海归当中人才很多，但是企业家很少，这个现象值得好好研究一下。

成功的对面是平庸

就像爱的对立面不是恨而是冷漠一样，成功的对立面不是失败而是平庸。

那些成功的公司或者个人其实是与那些失败的公司和个人有着更多的相似之处。

1999 年我在硅谷一家名叫 Startup 的公司里工作。公司 CEO 对未来充满信心，在一次全体大会上他提出了自己的 BHAG（Big Hairy Audacious Goal）计划——成为办公用品采购网上最大的 B2B 企业。在几乎花光 1700 万美元的投资后，公司倒闭了。分别是感人的，在那日日夜夜充满激情的日子里结成的革命友谊虽然没能产生丰硕的成果，但也让人感觉很有成就感。有意思的是，虽然只相处了短短的一两年时间，可是这家公司的人后来互相之间的联系很多。

他们做错了吗？不应该太一意孤行吗？ BHAG 不应该吗？事

后诸葛亮的事情没有任何意义。在当时的投资环境下（有风险投资买你的账）、压力下（短时间内做出东西来，打开市场）、竞争态势下（同类型企业还有几家），你必须全力以赴。而 BHAG 是统一思想，团结各方力量的最佳选择。只是，成也萧何，败也萧何，孤注一掷的结果既有可能是伟大的成功，也有可能是彻底的失败。不敢尝试，害怕失败，优柔寡断只会丧失一个又一个的机会。任何伟大的公司和个人在其生命的历程中都有过那纵身的一跳。

如果将 BHAG 公司（甘愿冒风险对未来下赌注）定义为纯战略公司，而将其他公司定义为混合战略公司的话，苹果公司、索尼公司则毫无疑问是纯战略公司。成功时无人望其项背，失败时也会跌得很惨。苹果每个成功产品的背后都有许多失败的产品。Apple Ⅱ 后面是 Lisa，Mac 后面是 Newton，iMac 后面是 eWorld，最近几次的成功（iPod、iPhone、iPad）将苹果公司推向顶峰，市值已经超过微软、谷歌等成为排名世界第一的 IT 公司。索尼公司也是一样，Walkman 后面是 MiniDisc。三流公司做产品，二流公司做品牌，一流公司做标准。可以说，苹果和索尼都是做产品的，耐克做品牌，华尔街做标准。

绝大部分企业以低收益换取较好的生存机会，就像绝大部分人依靠工资（收入确定、稳定）一样。

纯战略公司无疑是风险极大的公司。它的风险来自战略管理。因为战略具有不确定性，对未来的预测也是不可能的，所以企业领导人必须能够始终对战略不确定性进行管理，而让中层和低层管理人员负责战略的转变和执行。

我经常听到有人抱怨小公司领导"随意性"很强，今天做这个，明天做那个，让下面的人无所适从。员工希望的是一件事做到底，可是老板却是另一个想法——条件变了，环境变了，市场变了，技术变了，竞争态势变了，所以我们也要跟着变。这其实就是战略管理。公司老板最忌讳低头拉车，他更应该抬头看路。

养不起随性的人

前天，同事绪从青岛订的公司 T 恤到货了，大家都很兴奋，每人拿了两件。我昨天就穿上了，但是感觉就像穿了一件薄纱，没什么质感，出了一身汗后，T 恤上的字就模糊了，还掉颜色。印了 100 件，25 元一件，就这质量？和绪说过要质量好一点的，不掉颜色的。他找的还是朋友的公司，结果却是这样的东西。被宰了，杀熟？还是……不敢想象，也不想因为这个小事闹得大家不愉快，权当吃亏是福吧。

星期三，网站准备上线，可是有太多的小问题了，大家只好不停地修改调试，直到周五开会讨论时，发现还是有不少问题。对个别人来说，什么事情似乎只有对他动真格了才能收到效果。如果只有计划，往往是不能执行到位的，这类人的拖沓会造成整个团队的被动——安排给他的任务总是不能按时完成，做的事情总是有各种各样的小问题，他也总是有各种各样的理由，而且因为团队协作，他还往往把自己的问题赖到别人头上。也许他自己完全没有意识到这些，因为他觉得自己挺努力的，但就是集中不了注意力，老是忘记事情，不能分清问题的轻重缓急，也不能和同事做有效的沟通。他追求的不是团队协作的成功，而是自己做事的随性。他甚至会说出"也许我处于一个给公司帮忙的角度更好"这样的话，也就是说，他希望自己不受约束。在"养人"的如微软这样的大公司里恐怕也找不到这样的一个职位。不受约束，大概只有小孩子才能享受这样的特权吧。在公司这种团队协作的环境中，任何人都受各种各样的约束，约束是无处不在的。不能以团队的目标为目标，不能以团队的利益为重，你就无法融入，你就不能和大家合作做事。

当你的公司中出现这种人的时候，你需要教会他正确的工作方法，还需要对他做更细致的管理。也许对他来说是更多的约束，但是他必须转变观念、思想，决不能让团队适应他。中国文化中有不少消极的东西，比如，"枪打出头鸟"、"中庸"，中国人过分追求自己内心的平衡，而始终不能和周围人建立共同体，因此有中国人的地方，合作就很困难。作为领导，必须注意团队中每个人的情绪，鼓励积极情绪，化解、转化消极情绪。

你的梦想不等于员工的梦想

今天唐对我说，每个人都是从自己的经验、历史、角度看问题的。这对我触动很大。也就是说，当你想从别人那里得到建议和想法的时候，你得到的其实是他／她整个人。

"我创立这家公司不是为了赚钱，是为了实现梦想。"我经常这样对别人说。这就是我为什么经常遭团队白眼的原因。你的梦想不等于是大家的梦想、团队的梦想，更不等于是你的客户、你的顾客的梦想。当你慷慨激昂地到处贩卖你的梦想的时候，多注意一下别人的表情和反应。我在这方面简直就像个白痴。

公司如果不能赚钱，就失去了存在的价值和意义，因此你必须要考虑赚钱这个根本的生存问题。你的员工、团队、股东、董事都不会支持一家赔钱的公司的。尤其当你拿着你所谓的梦想要求大家做出牺牲的时候。你的梦想那么好，为什么没有人愿意掏钱购买呢？

1984 年、1985 年的乔布斯不懂这一点，而比尔·盖茨懂。

我的脊背一阵阵"激灵"。一个自负的人是做不好企业的。一个不能倾听顾客的声音的人也是不可能做出好的产品的。梦想是要有的，但一定是要能经过锤炼、检验，甚至考验的。一味地沉迷于自己的梦想，甚至不惜扭曲现实来迎合自己的梦想，梦想便会成为可怕的妄想了。多少人做企业失败都是因为错把妄想当梦想。

"我用屁股思考都知道我们的东西对企业来讲是非常有价值的。"我今天当着一个朋友的面又说了这句的话。你的产品的价值来自客户的真实评价，你自己的不算。

我有着一群非常棒的、聪明的、勤奋的、谦卑的，更重要的是正常的、理性的员工和伙伴。他们天天忍受我反复无常、脾气暴躁、自相矛盾，又自以为是的态度和言语暴力。他们还没有离开我和这个公司的唯一原因是他们比我更相信我们正在做的这个产品、这个事业。他们是脚踏实地的，他们用的措辞也是非常朴实的："这个东西能打动我，就一定能打动更多的人。"不像我所到处宣讲的，新的媒介啊，像电视一样视觉化生活啊，基于场景的即时互动啊，结果没人听得懂我在说什么，我自己其实也不懂。

我天天在寻找更好的措辞、更好的灵感、更好的组织架构、更好的沟通方式，而他们每天都在对产品做出一点点更好的改进。没有我，也许这个公司会运转得更好，这个产品也会更好。

作为管理者，我有时候却觉得，试图管理他人的人都应该送进精神病院。管理者就好像中间商一样，吃掉大部分利润，然后只会增加经济摩擦。也许让工程师、设计师直接面对客户更好——这点对大公司也一定适用。

你的价值何在并不重要，除了你自己，没人会在意。重要的是不要给别人添麻烦。然后才是小心翼翼，如履薄冰地做些你力所能及的贡献。你记住了吗？我狠狠地敲了自己脑袋几下。

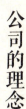

公司的理念

听很多人讲过公司的理念是多么多么重要，但没有亲身体会的话，是不可能有深刻认识的。

公司发展到现在，走了好多人了。有人走的时候还说过："总算解脱了！"有人受不了诱惑，别处给他更高的工资，走了；有人觉得不公平，走了；有人感觉太累，走了；有人被我炒了，有人把我炒了。但公司也来了不少人。有的来了，又走了；有的留下了。看看现在留在公司里的人，我慢慢体会到，是共同的理念让他们留了下来。

公司刚成立时，我发动大家写出公司的理念，一番讨论、选择后定了下来，然后贴到墙上去。后来搬家，就没了。现在已经想不起哪几个字了，但没人在意。理念不是凭空创造出来的，应该是身体力行出来的。

留下来的人还是时不时地争吵，但明显都能做到对事不对人。

大家的沟通交流也更能做到有一说一，有二说二。我们现在非常在意能否做出对客户有帮助的产品，以前在这方面总是做得不够，而我是罪魁祸首。

如果让公司的人评价我，我想他们会说我好高骛远，夸夸其谈。我是经常能想出一些点子来，但是我极度缺乏耐心，对员工、对客户都是如此，恨不得我的点子能马上实现。金对我最常说的一句话就是，"我反对"。反对得好，虽然每次我听了都会有点泄气，但会很快认清现实。如果没有金，其他人可能要被我烦死。

大家之所以还能在一起充满热情地做事，互相支持，互相帮助，不计较得失，就是因为理念相同，都想做出一个值得骄傲、对客户有价值的产品出来，尽管我是恨不得想做出让客户"哇"的产品出来。相信我，这样的人还真不多。一年半前离开公司的周就说，他不喜欢大家没钱而拮据度日的样子，他去做团购了。另外几个人也随他去了。对他们来说，钱是第一位的，而理想是可以放放，有钱了再来玩的。留下来的几个好像都很"傻"，不知道外面世界有多精彩。我做思想工作想让其留下来的，最后都走了；我没怎么做过思想工作的，反而留了下来。

一家公司的理念、文化其实就是这么一点点磨合出来的，而且最终往往极其简单。

创业团队

创业企业存在太多不确定性，技术、产品、设计、市场都需要摸索、创新，于是，流程、职责等也都在不断变化当中，自然，在企业管理方面也就有了自己的不同于成熟公司的特色，那就是基于能人的充分授权式管理。能人就是有能力的人，充分授权就是充分信任不加监督地彻底授权。这种方式的好处是效率高、团队气氛好、士气高、平等、容易创新；坏处就是一旦有一个人因为能力问题，或者因思想问题没有做好他那一摊，其他人就会感觉对方辜负了自己的一片好心。感情的因素不可能不考虑。

创业不可能朝九晚五，抱着朝九晚五这种心态做事的团队很难有凝聚力。大家必须要能一鼓作气，不达目的誓不罢休，就像划龙舟一样。所有人必须一条心。

刚和一个朋友通了电话，他也是在创业。他说得很好，创业企业必须经过浴火重生，这是必经之路。浴火重生就是指在这条道路上，无论人、技术、产品，甚至市场都要经历大换血，大变动，重新组合，重新认识，结果就是真正的创业者留下来，成为一个真正的核心团队。他形象地比喻说，红军如果没有当年的长征，也就不会有后来的革命成功。长征打造了一支浴火重生后的威武之师。

来之不易的成功是真成功，过程中坚持是最重要的，团结一批有信仰、有能力、负责任、肯吃苦的人是关键。这样一个团队的价值是不可估量的。

网上有朋友不太认可我们在做的事，但是鼓励说如果团队在，团队好，就还有机会。其实这两个是一回事。至少在我们的团队中，把大家团结在一起的是这个事业，如果不是对这个事业看好，估计团队明天就会解散。

有一次碰到一个海归老先生有项目回国寻找政府资助创业，见我第一面就邀请我加入他的团队负责技术，原因就是我资历够，申请政府资金能帮助他的团队加分。如果这位老先生仅仅是为了"骗钱"，我不屑与这样的人为伍；如果他真以为组建团队就这么简单，资历够就行，那他一定会败得很惨。

团队的组建需要有一个共同的理想，没有理想，最起码也要有一个共同的目标。在为理想和目标奋斗的过程中还需要磨合，每个人的个性、为人、能力、习惯都不同，一起做事，怎么可能没有矛盾。这就需要磨合。磨合得好，求同存异，各自能发挥各白的特点和优势。磨合得不好，这个团队的结局就是解散，否则大家都痛苦。

　　创业的过程也是个团队锻炼和磨合的过程，这个过程中，可能会有人离开，也会有新人加入，这都很正常。开始时，大家理念一致，一段时间后，有人有不同想法了，这也经常会发生。责任的分担、利益的分配也都可能产生矛盾，这时候就需要团队成员一起沟通、讨论、想办法解决问题和矛盾，这就是个磨合的过程，也就是常说的团队建设。创业团队不同于职业经理人团队，上下级关系淡些，兄弟关系多些，所以磨合和沟通的过程尤为重要。

「老板娘经济」

小区门口有好几家卖早点的铺子，其中一家的生意要明显好过其他几家。我比较过几次后也就固定在这家买早点了。首先他们家的包子要大一点，种类也多，还有就是他们家老板娘服务热情，很会察言观色，很会说话，让人感觉亲切。我想这也是为什么他们家生意要好的原因。

可是我还注意到，他们家打工的几个小伙子做事马马虎虎，老板娘动不动就骂他们，也因此老板娘一个人把持着招呼及接待客人这一环，不让小伙子接客，只让他们在后面做事。

做好这个早点铺子并不容易，包子、稀饭的质量要保证，每天要早早起来做好准备，然后要像打仗一样应付到来的众多客人。天天如此，没有休息。怪不得几个伙计总是没精打采，一副睡眠不足的样子。可是这个老板娘总是神采奕奕的，一边带着孩子，一边指挥着，还一边招呼着客人。她发自内心地想服务好自己的顾客。

大卫·休谟和亚当·斯密认为人的同情心（sympathy）是人类道德的基础，是社会的纽带和文化的基石。"syn"是"共同"，"pathy"是"痛苦"，对于痛苦的共担是同情心的源头。没有人说，"你结婚了，我很同情你"。因为有了同情心，人类社会才有了道德的基础。

亚当·斯密写出了他著名的《国富论》，其中他阐述了一个概念就是人的自利创造了财富，每个人都追求自己的利益的结果反而促进了交易及财富的生产。但是斯密自己是非常不满意自己的这个推论的。在他的另一本著作《道德情操论》中，他认为是同情心而不是自利才是道德的基础。他至死都认为他的《道德情操论》一书要远在自己的《国富论》一书之上。

斯密的时代是资本主义原始积累的时代，物质是从极度匮乏到富足转变的时代，人的精神层次的需求被降低到一个可悲的境界，变得可有可无。人的异化成为那个时代的特征。斯密的《国富论》很是"应景"，使自利甚至自私有了其正当性的理论基础。

社会发展到今天，再也不能仅仅靠满足物质需要做生意了。卖包子的老板娘很懂得这个道理，她热情地招呼顾客，在如此同质化竞争的环境中能够脱颖而出，让自己的生意比别家要红火很多，靠的就是打动客人的心。

中国是有老板娘文化情结的。老板娘这个词本身就带有亲切、体贴和熟络的意思。老板娘会照顾到你的个人需要、情感需要。

老板娘会让你感到少一份威胁，多一份体贴。

林语堂说过中国人是艺术的人生，而西方人是理性的人生。不得不说这非常准确。中国人擅长并且喜欢与人打交道。中国人总是先关注人，其次再看事。这也是为何中国文化虽然没有诞生理性、科学，但是却能同化任何一个外来文化或者文明——道理很简单，我能搞定你这个人了，还怕搞不定事吗？

考虑中国的事情，如果开始不明白，就要多往人事上去琢磨。在中国起领导作用的经济模式是"老板娘经济"。

没有不好的员工，
只有不好的领导

一个周姓汇丰银行经理前些天打电话给我，告诉我他辞职了，现在跳槽到渣打银行去了，问我最近有没有兴趣开个理财专户。我说，没有兴趣，他也很识趣，连说没关系，又说他还记得我的爱好——听高端讲座和欣赏艺术。虽然明显有些躲他，但还是蛮喜欢这个人的，很有些上海人的精明、识体。只是可怜他的招数用在我身上全然没有效力。我没有"吃人嘴软"这个弱点，尤其送上门来的，我享受得理所当然。所以，我几乎没什么朋友了。人家投桃，我从来都不报李；人家给我敬酒，我从来不反敬；人家送礼给我，我收了就是，没想过还要回礼的。礼，从来对我就是个负担，所以我也就从来不去考虑它，自然，也就对礼迟钝得很。碰到那种很懂礼、很会来事、很会说话的人，我只有佩服的份，自己是万万做不来也做不到的。

好了，就我这么一个人，现在因为创业需要，我要主动去跟人家送礼、问候、关照、周旋，突然发现要学的东西很多呢，也意识到平时忽略掉的那些人和事了。比如我常去买包子的那家早点铺子，老板娘已经给她老公买了一辆奥迪车了。她的店从早上到中午人流都不会断，开始是两口子加一个伙计，现在是四个伙计了。她旁边先后开过另外两家早点铺和她竞争抢生意，但是一家开了两个多月就关门了，另外一家现在差异化竞争，只做这家没有的——炸油条和粢饭团。我比较了一下这个老板娘为什么做得这么好，而另外两家为什么做不过她的原因，最后只能归为这个老板娘的服务让人觉得舒服。她知道来这里吃早点的人追求的是价格便宜，干净卫生，味道好，分量足，服务快，品种多。而这个老板娘似乎天生就勤快，薄利多销，指使着几个帮工也忙个不停，自然就显得这边人气很旺，人也就都愿意到她这里来买了。因为是买早餐，很多人似乎都很不耐烦，插队的，大声嚷嚷的，什么素质的人都有，而这个老板娘能真正做到始终笑脸对人，尽管自己都能买辆奥迪车了，可她还是每天能真正做到微笑待人、服务好每个客人。她讨好客人的手段就是发自内心的讨好。

从一个卖早点的女人身上我学到很多。柔弱胜刚强，很多才高八斗的"成功人士"似乎不屑于将自己摆在"弱势"位置，周围环境似乎也不允许他这样做。但是如果真能做到，那一定是天下无敌。因为中国人吃这一套。在中国，真正的强者是那些看上去柔弱的人。他们总是能通过将自己摆在下风、弱势地位而得到更多的帮助、好处和实惠。

54

　　员工私底下叫我法西斯，这是我最近从一个将要离职的人那里直接听到的。我有些惊讶、愕然，但想想我的所作所为，难道不正是法西斯行径吗？要求大家加班，减工资，只有批评，没有表扬，只有高压政策，不懂得怀柔。不光对员工如此，对家人，甚至对自己亦是这般。这又是不懂中国国情、人情的表现了。一家公司的健康发展离不开在其中工作的每一个人的同心同德。七八年前我第一次管理40多人的研发部门，父亲曾经送我一句话，"没有不好的员工，只有不好的领导"。我一直记着这句话，可是对这句话的理解却在不断变化中。也许以前相信这句话在50%的情况下是对的，随着年龄增加，经验增多，现在这个比例在不断提高。也许当我认为这句话100%正确的时候就成熟了。想要同心同德靠高压政策是行不通的，必须要耐心地做思想沟通工作。关键是耐心。我耐心不够，沟通不够，再加上"没有人性"的高压政策，叫我法西斯还真是形象呢。所以，我知道了这个外号后，反而感到轻松了。知道自己的问题了，也就有解决的方向和办法了，不是吗？

价值，不是价格

前日听了中国网库董事长王海波的一个演讲，他分析了中国电商行业，既定性又定量地将电商划分为"1／9／90"三大类："1"是以京东商城、凡客诚品等为代表的资本驱动型纯 B2C 公司；"9"是以支付、电商服务、网络营销、电商软件等为代表的电商服务型公司，换句话说，如果电商是淘金客，这些公司就是卖帐篷、铲子、牛仔裤的；"90"是最大的一类，也是最有潜力的一类，就是开展电商业务的传统产业公司。王海波预测第一类公司将来不死也得转型。这些公司都是被资本喂大的，投入产出严重脱离市场现实，未来不转型，只有死路一条。王海波还认为传统产业公司做电商要改变以前线下经营的思维模式，要从多品转而做单品。因为没有网络之前，做单一产品风险太大，市场很容易饱和（地域限制大），但是在网络经济下，单一产品可以放大至全国销售。线下一款产品卖几百个就算不错了，但在网上可能卖几千几万个。所以与其什么都卖，不如主打一款产品，并且将价格降至最低，让它变得极有价格优势，这样利用网络的放大优势，赢家通吃优势，卖疯掉。而网库可以通过帮助企业建立这样的"聚合"网站。

前面的都还有道理，后面的乍一听，也有道理，但仔细一想，就觉得是胡说八道了。

人类的发展，社会的发展，经济的发展，科技的进步都有一个趋势，就是价值的累积和增加。更多的品类，更丰富的商品，更多的选择，更高的质量，更人性化，更智能化，更好用，更好看，更安全，更结实，更省电，更省力，更省时，而更省钱只是众多价值当中的一个而已。

现在电子商务的误区就是只比价格，不比其他。风靡一时的团购开始降温了，也开始有小团购公司倒闭了。消费者很快就对超低的价格"习惯"了，开始对"打折扣"的服务不满意了。比价格，最终的结局就是双输，甚至多方输。

传统产业发展的历史比网络经济要多几百几千年，从来就没有过价格为王的时候。价格不是越低越好，有时候将滞销的商品提高一倍价格反而卖得更好。商品、服务，永远是价值第一。让消费者感受到你产品和服务的价值，价格方面只要让对方感到物超所值就好了。传统产业公司看着网络经济的"闹剧"，大呼看不懂，忍不住上场搏一把，结果也是输得很惨。网络经济时代，电子商务如何从价格转到价值上来才是关键。

卡玛坚持了三年，立志为网络经济注入各种价值因素，更真实的展现，更真实即时的互动，更生动的体验，更丰富的选择。网络，也应该是个充满缘分的地方，卡玛的价值正在体现，卡玛的机会每天都在增加，卡玛人现在也都异常振奋，时代来临，准备好迎接。

多疑与偏执

　　"**马**克确实非常理性，他考虑过把公司建成真正的业
内帝国可能性不大，"帕克认为，"他有些疑虑，
比如这是不是一时的狂热？这会不会一去不返？他喜欢 Facebook
这个创意，也愿意毫不动摇地坚持到最后。可是，他和那些最杰
出的帝国建立者一样，信心十足也疑虑重重。就像英特尔前首席
执行官安迪・格鲁夫（Andy Grove）所说，'只有多疑的人才能
生存'。"

——摘自《Facebook 效应》

　　如果说《社交网络》（*The Social Network*）这部电影是幽默、
轻松、喜剧版的 Facebook 成长史的话，《Facebook 效应》这部书
则更接近真实情况。任何一个成功的企业家在其企业的成长过程
中也伴随着自身的成长。成长和犯错是形影相随的。只有保持足

够的警醒、谦逊、多疑，才能对错误足够敏感，使之在造成无法挽救的结果之前得到改正。马云说："我一高兴，倒霉就来了。"乔布斯说，"Stay hungry, stay foolish"（求知若饥，虚心若愚）。

得到浦软基金的初步投资意向了，但是已经迫不及待地今天就要求对方提供新的办公场所，优惠的 IDC（互联网数据中心）机房服务，压力及性能测试服务。我想要一个不那么规整的 300 平方米左右的办公室，窗户少一点，不喜欢阳光。不规则形状才好发挥创意进行软装修。初步想法是每个员工一块白布，然后每个人自由创作，完成后挂在自己面对的墙上。原则就是，硬装修不动，一切靠软装修，要做出自己的风格来。

有个客户非要用 4000 元的茶叶作为部分建店费，同意了，每人价值 200 元的普洱茶作为公司福利了。真不知以后还会有什么货品来抵扣呢。有点好玩。将家里的浓咖啡机器搬到办公室，网上买了咖啡豆，昨天下班前冲了一杯，结果一晚上睡不着。普通咖啡对我只有催眠作用，浓咖啡，嗯，以后得少喝点。

下午 Floria 过来，和我们产品小组头脑风暴。她太爱我们的创意了，写了几页的建议和想法，所以约了她过来好好聊聊。老易趣的人，对淘宝网都有些恨，不过现在她也在淘宝网上做电子商务呢。她这样的资深电子商务加魔兽的世界级玩家，不对我们的模式着迷才怪呢。

周六回来，还赶得上周日的足球比赛。我是小区足球队教练，一周踢一次身体才感觉爽。周一澳大利亚的 Scalify 公司的创始人

Santosh 来我们公司参观，他上次来还是去年这个时候。他们最近推出了商业版，我还没来得及试用呢。黄浩周二报到，市场和运营总算有人了。

集中的官僚体制
和分散的市场体制

历史上只有两个基本方式去集中和扩散人们的才能——官僚体制和市场体制。这两个体制在现今绝大多数国家是共存的。官僚体制集中权力（很多事情需要权力的集中才能有效执行，比如军队、公用事业、资源的开采等），市场体制分散权力，平衡权力，看不见的手有时是无处不在的手，效率更高的手。而现在网络成为一个既能集中也能扩散人们才能的新的体制。Wiki、Linux，以及各种政治、非政治网络兴趣小组等都是集中才能的典范。而 Web2.0、Blogger、Facebook 等又是才能扩散的典范。掌权者的力量被大大地削弱了，金字塔式的组织形式越来越被相对透明的扁平化、网络化的组织所代替。网络成为人与人之间组织和交互的新的介质。

看看 Facebook 作为全球最大的人际关系网络地图公司的成长经历非常有参考价值。"当你在 Facebook 上与某人成为好友，你基本上会做三件事情：你公开宣布你认识这个人，你默许了朋友能够看到你的所有动态，并且你自动订阅朋友的所有信息。然而，这三者其实应该分开，形成更易于用户定制的服务。这样，当我们遇到不太认识的人发出好友申请，我们就不会为是否应该接受邀请而苦恼了，我们会有更多的选择。"

Facebook 的马克和谷歌的拉里·佩奇（Larry Page）碰面了。

"到现在为止，公司花了多少钱了？"我问道。"大概3亿美元。所以公司等于是以每人一美元的价格建立了全球经营架构，一个全球品牌，打造了真真正正的可持续性、具有亲和力、网络影响力、研发能力、竞争优势和通向未来科技世界的路线图。每个用户才一美元，换做是你，也会重复重复再重复地这么做。"

"拉里，你用 Facebook 吗？"马克问道。

"没有，我没用过。"佩奇用他一贯尖锐略带鼻音的语调回答道。扎克伯格看上去有点失望。"为什么不用呢？"他穷追不舍。

"那玩意儿不太适合我。"佩奇答道。

泰尔说："但我认为，一个深远的问题是在谷歌的核心价值中，他们相信在这股全球化浪潮的最后，世界会以电子计算机为中心，并且电子计算机会完成所有事情。"这同时也是谷歌错过这一波社交网络公司潮流的原因。谷歌的模型认为，信息以及规整来自全世界的信息是最重要的事情，而 Facebook 的模型从根本上是不同的。在我的观念里，对于全球化进程的批判之一就在这一点，是人们掌控科技，而不是反过来。让这个世界上的人们自己组织起来，才是最重要的事情。

谷歌就像是一个集中的官僚体制，而 Facebook 就像是一个分散的市场体制。

市场经理今天终于到位了。明天和他一起做市场推广方案，已经答应尽快给汕头市场推广方案。中央电视台联系了我，问了我很多问题，说我着魔了，和他们见过的采访过的很多企业家一样。也许吧，但我还是觉得我再正常不过了。

朋友打来电话，问我什么时候能够招一个合格的技术副总裁，我说我难道不合格吗，他说你是 CEO，不可能全力以赴负责技术。而如果没有一个合格的技术副总裁，他不敢投。他现在想代表公司投资五六百万给我们。晚上猎头打来电话，正好，我告诉她我需要一个技术副总裁，不给中介费，但是成功了，我会介绍几个高水平的技术管理人才给她作为交换。管它呢，玩呗。

昨天去软件园看了几个办公室，要尽快定下来。碰到这种事，我总是犹豫，总是想还有没有更合适的。

兄弟公司有一批戴尔服务器要卖，旧的。我想要五台，备用着，内部做开发用服务器也好。一旦线上吃紧，可以马上部署进去。对方让我们报价，看来他们也不知道行情。我报了个很低价，明天再给个电话，看有没有的谈。开户行和公司办公地点有点远，财务不方便去，明天又得我亲自跑一趟拿单据。

马
化
腾
的
经
验

马化腾对于口碑是这样说的：

"做产品要做口碑，就要关注高端用户、意见领袖关注的方向。以前，我们的思路是抓大放小，满足大部分'小白'用户需求，但是现在来看，高端用户的感受才是真正可以拿口碑的。"

对于做产品，马化腾是这么说的：

"我相信如果产品上线坚持使用三个月，就会发现问题，一天发现一个，解决掉，你就会慢慢逼近那个'很有口碑'的点。这些都不难，关键是要坚持，直到一个产品基本成型。"

马化腾对产品经理这么说：

"当用户提出问题时，我们解决了，哪怕这个问题再小，也是完成了一件大事。有些小事情做了，见效很快。产品经理要对用户的需求、问题敏感。产品经理也要多关注运营，比如说你的产品慢，用户不会说慢，只会流失掉。让用户使用得舒服、方便，在感觉和触觉上都要琢磨。对局部、细小之处的创新要永不满足。"

同时，腾讯总结的互联网产品设计有以下 16 条原则：

1. 你不可能满足所有用户。

2. 如果一个蠢方法有效，那它就不是一个蠢方法。

3. 别忘了你的产品是由最年轻的程序员在最短的时间内开发出来的，所以，问题总是无法避免。

4. 如果某个产品创意只有你一家这么做，那一定是错误的方向。

5. 没有任何产品开发、运营计划在实践中能顺利执行。

6. 所有预期五个月才会到来的"瓶颈"总是在三个月时就会遇到。

7. 重要的事总是简单的。

8. 简单的事总是难以做到的。

9. 一般情况下，你除了时间外什么都不缺。

10. 关键用户的意志应该获得优先考虑。

11. 当用户为你免费生产内容的时候，同时也在生产垃圾和风险。

12. 需要两个人彼此协助才能完成的任务，通常不会按时完成。

13. 资金、设备、人才总是在你最需要的时候找不到。

14. 你为产品增加的任何功能都可能反而损害产品竞争力——

什么都不做也一样。

15. 唯一比竞争对手还可怕的是内部开发、运营人员虚妄的想法。

16. 正常用户的行为是可以预测的，但是互联网上却充斥着"变态"的玩家。

　　腾讯是所有互联网公司的梦魇，它具有庞大的用户基础，同时又无所不沾，什么都要做。有很多公司也具有垄断地位，但并不能在它涉及的所有领域都成功，而腾讯似乎就可以做到。这和他们注重产品设计、懂产品设计、懂用户心理有很大关系。当然，垄断还是它成功最主要的因素。而腾讯在滥用自己的垄断地位上似乎并不犹豫含糊。

　　但是，还是应该从腾讯身上学习它理解用户，对产品设计精益求精的精神吧。我在微软的时候公司就已经承认自己在中国即时聊天工具领域败给了腾讯。因为微软对中国用户的理解明显就不如腾讯来得深刻。我们对产品设计也不如马化腾那么用心、上心。马化腾的经验还是很值得好好学习的。

先赚钱才能长久地玩下去

最近我想通过百度了解一下我们在市场中的位置。我是这么干的：我让百度的业务经理用他们公司的后台服务帮我查下几个关键字的每日搜索情况。比如"网络店铺"，每日搜索是四万次左右，而"3D 店铺"呢，只有区区八次，差了五个数量级。这也解释了为什么我们的销售人员电话、网络上联系客户时，总需要先"扫盲"。这个市场还处于非常初级的阶段。

有时候知道自己产品不能做什么比知道产品能做什么还要重要，因为那是对自己产品理解的一个更高的层次。销售人员因为不懂产品背后的技术，总是吃不准公司产品不能做什么。有时候面对客户的特殊需要，不能当场判断产品和技术上是否能实现，因而使谈话中断，更糟糕的是，答应了不能兑现的功能要求。这没有什么好的解决办法，只有靠经验，靠和技术及产品人员多沟通，多交流。好的产品和服务一定是公司内部各部门"协同作战"

做出来的。要学会多站在客户的角度考虑技术和产品，销售和市场也必须对技术和产品有很深入的理解。一个好的产品并不是满足每个客户的每个需求，而往往是满足大部分客户的某个需求。如何寻求消费者和客户的"共性需求"是考验产品经理眼光敏锐度的硬指标。

我的梦想是做出完美的产品，互联网时代，这就是全部。我天天在思考这个问题，发现实施起来真的很难。也许没有一开始就完美的产品（尤其对创新型产品来说），也许需要尽早将产品推出来，让朋友、小圈子、市场来检验，不断地思考，不断地调整，推倒重来。当然，这很奢侈，也很烧钱。所以，还是先养活自己，然后慢慢来。

阿里巴巴的曾鸣佩服马云的阿里云公司战略——赶快赚钱。淘宝网、支付宝等公司马云都没有要求马上赚钱，而阿里云公司刚成立就要求赚钱。原因是，阿里云面对的是一个新兴的充满巨大潜能和不确定性的市场，所以先赚钱养活自己，然后才能长久地玩下去。而淘宝网、支付宝面对的是已经开始形成成熟商业模式和产业链的市场，这时关键的是占领制高点，扩大市场规模，赚钱是早晚的事。对于我们来说，也许应该学习阿里云的做法。

拒绝勤劳地
制造垃圾

看了林伟贤的一小段培训视频，典型的台湾式蛊惑加制造气氛。但是他说的一句话还是很深刻的，中国人是看身边有什么资源决定做什么事情，外国人是想做什么事就去寻找资源来实现它。

陈志武写了一本书叫《为什么中国人勤劳而不富有》，他提出的观点是"勤劳只能生产出更多的物质"，而创造财富需要有生产率的提升，换句话说，技术才是第一生产力。中国人只想怎么赚钱，而不是想怎么创造价值。乔布斯批评斯科特的苹果战略："他只是考虑如何从消费者口袋中赚取更多的钱，这大错特错了，苹果应该制造伟大的产品，当你关注的是如何制造伟大的产品时，赚钱就是很容易的事了。"

公司申请科技成果转化成功了，几天后接到一个电话，自称是上海东方电视台的，得知我们科技成果转化成功的消息后，想到我们公司拍个视频在电视台播放。我听了很高兴，谁知对方接着说道，拍这个视频需要 8000 元的制作费，播放是免费的。我明白我碰到的是什么了，感觉被欺骗，被浪费时间，然后我脱口而出："你们这种做法非常无耻，对不起，我不会为电视台的新闻报道付一分钱。"她说："你可能不知道，我们电视台现在都是制播分离的。"我说："我不管你们一体还是分离，你去找那些愿意花钱买软文广告的公司吧，我没兴趣。"说完，我就挂了电话。新闻媒体也做起生意来了，怪不得我们社会充满了满天飞的谎言。谁给钱，我就替谁宣传。对不起，我公司还没缺乏价值到那种地步，所以，我不需要这种软文广告。

我们的很多商家企业在推销、推广自己的产品和服务的时候，把消费者当成没有脑子的傻子。夸大事实，隐瞒信息，烘托气氛，基本上就是这些下三滥的手法。唯一缺乏的就是一种发自内心的真实和关怀。感觉就像是一个人龇牙咧嘴，眼睛瞪得圆圆的，盯着你的口袋，流着艳羡的口水。这只会让你捂紧口袋，避之而唯恐不及。这样的企业再勤劳，也只是为这个社会添加更多的混乱和痛苦。

你的企业形象是什么样的，你的员工会为这个企业感到自豪吗？你的客户满意度如何？这才是真正有意义有价值的信息。你的销售额是多少并不能透露出这方面的信息。

一个风投家说过，很多创业者找他兜售自己的点子和项目，每每说自己的产品、项目只要有 1% 的人购买就能产生多少多少的收入，市场潜力惊人，前景广阔，等等。后来他仔细一想，觉得这个观点有问题。反过来看，为什么只有1%的人购买你的产品和服务，那说明另外99%的人认为你这东西是垃圾。这么多人认为你的东西是垃圾，你还应该做吗？该给你投吗？

我们中国人非常擅长制造垃圾，勤劳地制造着垃圾，而且乐此不疲。中国的消费者每天消费着这些垃圾，久而久之也就习惯了。苹果公司创造了有价值的产品，看我们国人如何追捧，争相购买，完全和一个发展中国家的购买力不相匹配。我们太渴望有价值的产品和服务了，我们受够垃圾了。有价值的产品和服务来自科技，来自创新，来自用心去服务。如果你已经解决了温饱问题，请开始抵制假冒伪劣的垃圾产品和服务吧。对待它们就像对待癌细胞一样，不给它生长的营养、环境。

有价值的产品和服务有个共同点，它带给人惊喜、快乐、温馨和感动。它很实用，解决问题的同时绝不带来隐患。它负责任，不会"货物出售，概不负责"。它真诚，真实，不故弄玄虚，不隐瞒信息、光明正大。我们如果使用垃圾产品，早晚也会失去自尊自爱而变成垃圾。如果我们使用有价值的产品，也会对他人、对周围环境产生信心，产生关爱，从而变得更有责任心和爱心。中国人，只要我们拒绝垃圾产品，我们就不会感觉自己是垃圾。

把人当人看

有几次朋友推荐去海底捞吃火锅，说那里的服务好。我对火锅没什么嗜好，也就一直没有去。但是海底捞这个名字算记住了。

父亲给了张东方文化卡，说你喜欢看书，拿去买书吧。只能去新华书店买（如果不是为了消费这卡，我几乎是不会进新华书店的），转了一个多钟头，也挑不到满意的，似乎这个书店就是为了卖滞销书而存在的。最后胡乱买了几本，其中一本就是《海底捞你学不会》。

黄铁鹰著，宁高宁序。序中提到《中国企业家》编辑部的编辑看了这本手稿都哭了。虽然找达不全于哭，但也是感慨万千了。说到底，海底捞的成功在于把人当人看。

这句话说起来容易，做起来奇难无比。没有人不把自己当人看的，也没有人不把自己的亲朋好友当人看的。可是，对于顾客、员工，做到始终将心比心，把他们当人看，太不容易了。海底捞的员工把顾客当人看，真心地服务好顾客，到了"变态"的地步。海底捞的员工为什么能做到？因为公司把员工当人看。公司发自内心地关心、爱护、照顾员工，为他们解决后顾之忧，充分信任，充分授权，给每个员工靠个人努力工作升迁的空间和机会。海底捞的员工都意识到服务好顾客比什么都重要，而且自己手中有权力去服务好顾客，让顾客满意。普通员工可以免费送给顾客一两个菜，甚至整桌免单。因为海底捞知道只有一线员工最清楚状况，最直接和顾客打交道。在这个层面让顾客满意，是真满意。等经理出面，顾客已经是不满了。所以其他餐馆属于经理权力范畴的，在海底捞普通员工竟然就有了。权力伴随着责任，让顾客满意就成了每个一线员工的责任。

海底捞成功后，很多餐馆去偷师学习，甚至挖人，结果都不理想。海底捞表面的东西都学得到，但是核心的对人的尊重，把人当人看的精神却不是一天两天能学到的。缺少了这种精神，表面功夫做得再好，也给人貌合神离之感。

海底捞的员工都是农民工，管理层也都是内部培养和提拔的。上万名员工中，只有不到2%的人有大学文凭，98%都是初中及以下教育程度。这个群体在中国是最不被尊重的群体，处处遭受忽视、蔑视、鄙视和冷眼。海底捞为这些人租最好的员工宿舍，每个宿舍配备舍长，照顾员工的生活，为他们洗衣服、做饭、暖被窝。宿舍里有电视，还可以上网。联想到富士康的"十连跳"，对员工生活上的照顾其实就是对人的尊重。受到尊重的个体怎么会想到自杀呢？

　　一个企业生存的价值在于为顾客提供服务。能够为顾客提供有价值的服务的企业就是有价值的企业。而服务顾客靠的是员工。没有得到尊重、信任和授权的员工是没有主动性的员工，是无法提供令客户满意的服务的。满意的定义是客户愿意向他人推荐你的服务，而不是在调查问卷上写下"满意"两个字。从这个意义上讲，海底捞让很多顾客都满意了。这是一家会继续发展壮大的企业，也会给更多人启示的企业。也许尊重这个人与人最基本的交往准则会在企业与员工、企业与顾客之间的关系上产生新的意义。海底捞是个现象，一个值得学习的现象。也许我真该找个时间约上几个好友一起去品尝一下海底捞了。

做
别
人
所
不
能
和
不
屑
的
事

前 日在网上看到一个网友总结的创业艰难的原因：

    1. 做别人所不能的事。

2. 做别人所不屑的事。

结论就是，创业者要么是超人，要么是脸皮厚到极致。

说得有些道理，但忽略了重要的一个元素——每个人都是独特的。

人生下来都差不多，但随着年龄增长，人与人之间的差异就越来越大。就像一棵树长开来，枝杈越来越多。如果你有机会和大学同学见面，你会发现大家都变了很多。和中学同学见面，你会发现可能生活在不同的世界里了。和小学同学见面，简直就是"非我族类"了，有走上违法犯罪道路的，有捡破烂的，有给人装空调的。我所就读的小学在鱼龙混杂的城乡结合部。这种差异是由性格、教育、机遇等造成的。每个人最终都是独一无二的。创业者就是一种不愿意自己独特的个性的本质被压制、被同化，而通过创业将自己的独特发展、发挥出来的一种人。所以本质上，任何一个真正的创业者所做的事情都是别人所不能的，或者不屑的，因为只有他能，只有他把这个当宝贝，这是他的宿命。和超人的能力、厚脸皮没有任何关系。这个网友总结得不错，但结论却未必对。

你的商业模式有空子可钻吗

美国沃尔玛有一项政策，对其商品有任何不满意，30 天内可以无条件退换货。我买了一个音响，在第 29 天我"不满意了"，我去退了，然后换了一套更高级的。我的朋友张来自香港，父亲是个医生，家境殷实，他更狠，他去买了台电脑，抽掉其中的硬盘和内存条，然后退了。他说他问过律师，只要当场没有被查出，货物退后，概不负责。沃尔玛没有因为我们这样的行为而倒闭，毕竟我们是少数。

1999 年有家公司叫 Peapod，做的就是现在国内的一号店在做的事——在网上卖日杂品（油、盐、酱、醋等）。这家公司有上亿美元的风险投资，出手很是大方，到处送价值 50 美元的免费券。我买了 49.95 美元的东西，对方运来两箱子，还帮我装进冰箱摆好，并告诉我哪些东西要先吃，久了就不好吃了。服务没的说。但我后来再也没有去它们网站买过东西，因为没有 50 美元免费券了。这家公司后来倒闭了。这次，是因为我，因为我这样的顾客成了多数。

1999 年还有一家公司叫 All Advantage，做互联网广告的，它有一个客户端，用户下载后安装就常驻桌面，不停地滚动显示广告，你点击广告它就送钱给你。一个月最多给你 20 美元。条件是你要让这个客户端在你的电脑桌面上有效运行满 20 小时，并且有效点击超过多少次。公司里很多人都装，毕竟一个月 20 美元虽少，但也是钱啊。但很快，大家都纷纷卸载了，太碍事了，滚动的广告总是分散人工作的注意力。我看到机会，写了一个程序，可以当你不在电脑前的时候运行它，而且，如果你事先注册好多个 All Advantage 的账号的话，它还可以轮换着运行这些账号，让每个账号都运行满 20 小时，赚 20 美元。我白天在自己家里的 4 台电脑上跑这个程序，晚上在公司的 2 台电脑上跑。一个月后，All Advantage 给我寄来几十张支票，总共有 1500 多美元。来自香港的张姓朋友知道后，把我的程序要去，他买了 20 多台二手电脑，把家里客厅都摆满了，全部运行我写的程序。一个月后，他赚了 1 万多美元。All Advantage 后来不知道怎样了，据说下场也不怎么好。

赌城拉斯维加斯的轮盘赌看似没有任何规律可循，或者说漏洞可钻，但是法默不这么认为，他买了一台二手的轮盘赌，在家里和几个俱乐部的朋友一起拆了研究，发现虽然数学上是随机的，但物理上还是有规律可循的，球的跳动速度、轮盘的倾角会决定球最终落在某个扇形区域的概率。法默编写了程序，并设计了一种可以藏在鞋里的计算机，用脚趾头操作。他们几个人开始在拉斯维加斯的赌场里大展身手，赢得是盆满钵满，而这发生在 20 世纪 70 年代。

企业在经营的时候对自己商业模式的考量往往是不充分的。对各种风险的预知和判断也是很初级的。如果抱着只要我的心是好的，用户就会知恩图报、投桃送李，也许轻则遭受损失，重则死得很惨。很多时候，并不是像抢银行般的暴力犯罪让一个公司陷入困境，而恰恰是自己的商业模式、流程、策略设计不合理，有巨大漏洞，被人钻了空子。小心驶得万年船，公司再小，也要从一开始就注重安全防范，招人要严，管理要细，待人以诚，注重合同，懂得放弃，勿要贪婪，不相信天上掉馅饼，也不无缘无故送人好处。不做伤天害理之事，也坚决拒绝与这样的人和公司合作。不追求大和扩张，只追求好和精益求精。催肥的公司远不如有机生长的公司来得健康持久。不要抱怨被利用，被攻击，被构陷，而要躬身反省，是不是自己篱笆扎得不够牢。要创新，也要安全。

别指望程序员会自觉保障软件质量

让一个软件工程师测试自己的程序寻找漏洞和缺陷比杀了他还难受。我亲耳听到过有程序员在抱怨上级吩咐的测试任务，尤其是测试自己的程序，"你杀了我吧"。程序员为什么不喜欢测试？为什么对测试工程师总抱有敌意？测试程序漏洞不也是为了他们写的程序质量高，最终也是为他们好吗？这其实是一种心理错位。程序员写程序是一种创造行为、建设行为，而测试在程序员看来是一种破坏行为、找茬行为。程序员大多能意识到测试对提高自己程序的质量意义重大，但是这种意识很难抵挡潜意识里对测试这种"破坏行为"的抵制。于是，要保障软件质量，就需要专业的测试人员，不要指望程序员自己保障软件质量。

在微软，软件测试工程师和软件工程师的比例是 1∶1，而且，微软的测试工程师不同于很多公司的测试员，他们并不仅仅做手工的功能测试，他们还要负责编写自动测试的案例和脚本，搭建测试环境，除功能测试外，还负责压力测试及性能测试。更好的测试工程师还会进行白盒测试。微软的测试工程师都会写程序，大多也都是计算机软件专业毕业的。他们中很多人将来会转行成为软件工程师，也有一定数量的软件工程师转而去做测试。正因为微软有如此专业而优秀的测试工程师，其产品质量才得到了保证。

软件中的问题和缺陷在越早的阶段被发现越容易修复，越早修复将来产生问题的几率就越小。所以传统的等到代码完成再测试的行为其实是非常不科学、不经济、不可取的。我经常看到两个程序员这样争执：

"这问题肯定出在你那边，我这边没问题。"

"不，肯定是你的问题，我不可能出这种问题。"

到底是谁的问题，鬼才知道。测试人员只能发现问题，但无法分辨出是哪一块、哪一段、哪一个的问题，因为他只能对整体进行测试。就好像医生看病一样，我能看到你发烧、出汗，但可能引起这种症状的原因太多了。不过，可以在软件编写的过程中就进行"测试"，植入自测试代码，也就是单元测试（unit test）。

单元测试的精髓是，"凡是测试不到的代码，就不值得去写"。单元测试要能测试到这个单位内所有代码，所有代码的执行路径也要能测试到。而谁最适合去做这件事呢？程序员。程序员不喜欢测试是因为手工测试不好玩，机械，单调，没有难度和挑战。但如果让程序员自己写测试自己程序的程序，他们就不那么抵触了。你说你代码没问题，只有把你所有的单元测试都跑通过才算数。单元测试帮助程序员找到大多数的"愚蠢"缺陷，更重要的是，通过编写单元测试，程序员能真正做到对自己的代码有信心。将来出问题时，不会变得一筹莫展，乱猜，乱碰，无从下手。单元测试是从程序员这方面进行软件质量控制的第一步。

　　第二步是代码评审（code review）。大多数缺陷都是由新手程序员造成的，而且犯的错误基本大同小异。那为什么不让有经验的老手帮帮这些"菜鸟"呢？靠"菜鸟"自学成材，那公司是要交很多学费的。于是，帮助菜鸟们尽快成材，同时又能在程序员这个层面就保障代码质量的另一个重要机制——代码评审出台了。初级程序员写代码会有很多问题，命名不规范（将来读程序、维护程序会很麻烦），编码不严谨（边界判断没有、异常处理没有），方法笨拙（缺乏一些编程技巧），等等。如果能在提交之前先让老程序员看看，这些小问题很快就能被指出来。在微软，资深工程师有义务做代码评审。在他们的工作安排中，代码评审是很重要的一块，作为业绩考核的一部分。虽然它会占用资深工程师的很多宝贵时间，但它对菜鸟可是一种非常宝贵的学习手段。资深工程师之间还经常互相做代码评审，这也是一种相互学习。

　　单元测试加代码评审可以帮助程序员提高自己的代码质量，但这还远远不足以解决软件产品质量的问题，于是就有了专业的软件测试工程师。他们做什么呢？他们是软件质量的最终把关者。

　　软件测试最早是一件非常枯燥乏味的工作。在硅谷，往往是美国人做产品设计，中国人、印度人做软件编码和开发，俄国人做测试。记得当时我们公司的俄国人测试小组每天重复地翻来覆去地做着同样的测试工作，任劳任怨，但真是枯燥乏味。后来随着自动化测试技术的提高，那些重复劳动很多就被自动化测试脚本代替了。程序员在搭建开发环境时，测试环境也同步搭建出来了。压力测试、性能测试指标这时也可能都定下了。测试工程师们会参与项目讨论、项目设计方案制定、项目计划协调等各种项目会议。一个核心思想就是越早测试软件，就会越早发现问题和缺陷；而越早发现问题和缺陷，就越容易解决。当然，最终的产品质量就一定越高，用户也一定越满意。

2009 年 9 月，我们 3D 商城的第一版上线了。问题很多，但是可以用，可我最终还是决定放弃第一版，开发第二版，采用新的技术，开发新的平台。这是个艰难的决定，因为这意味着原先半年来的努力都将成为泡影。但因为我们所倚仗的开源技术不成熟，很多问题不是我们自己能解决得了的，所以我还是坚定了重新开发的决心。

2010 年 5 月，我们了解到淘宝网也在秘密进行一个 3D 购物社区项目——"淘花源"，而且已经进入内测阶段，不久就要面世。我们非常紧张，派出"间谍"进入淘宝网，去搜集相关情报。我们成功拿到一个内测账号，登录进去，搜集测试和反馈信息，最后我们列了一张表格。分析结果显示，淘宝网用的技术和我们的第一版是非常接近的，也是基于开源的。同一类，甚至是同一个技术，淘宝网投入比我们大一个数量级的资金，人员也是我们的好几倍，结果内测显示，严重的 30 多个问题中，有 25 个是我们第一版都已经解决了的。剩下的几个问题是开源软件本身的问题，在开源的论坛上也没有解决的问题。也就是说，淘宝网的淘花源项目在产品质量、稳定性、功能及性能等各方面都落后于我们半年前就已经下线的产品。我们原先的担忧变成了沾沾自喜。果不然，几个月后，淘宝网的这个团队被解散，项目胎死腹中，淘花源最终没有上线。据说，是马云自己亲手枪毙这个项目的。

我一直以来对公司产品的质量不满意，认为其远远没有达到我理想中的标准。也因为如此，我一直都非常重视产品质量，在设计、开发、测试等各个环节都不遗余力地推行科学的质量管控体系。公司 IDC 机房的线上服务器仅 4 台（我们现在的流量非常小，大多只是展示而已），但公司内部测试的服务器就有 12 台之多。从功能到压力，性能测试都齐全。我们也引入自动化测试的工具和概念，每日构建（daily build）像心跳一样每天掌握着开发的节奏。我们在软件质量方面的努力终于得到大多数客户、投资人和顾客的认可。有个投资人就曾经对我说过，你们公司的技术是我考察过的所有 3D 公司里最好的。我虽然有些得意，但我知道，其实我们还可以做得更好，更完美，当然，这得等到公司有更多资金和更好条件的时候。而对很多有钱、有人、有条件的公司来说，他们缺的是不知道如何提高软件质量。这既是一种理念，也是一门科学。

周围的人更靠谱

看《乔布斯传》时发现一个有趣现象，乔布斯的创业伙伴、同事、朋友几乎都住在他家附近。他们不只是工作上来往，私底下也会经常串门。乔布斯会在家里开工作会议，策划"政变"，邀请安迪（Andy）来一起听鲍勃·迪伦（Bob Dylan），邀请拉里·埃利森（Larry Ellison）来看他的第 N 版《玩具总动员》。给他图形界面启发的施乐公司就在家附近，而天才电子工程师沃兹的住处也只有几个街区之远。惠普给了乔布斯榜样，惠普总部就在他家附近。他吸食迷幻药、禅修、苦行都是受了周围朋友的影响。他找的是附近的 Chiat ╱ Day 广告公司，而这家公司因为给苹果公司做广告后来成了著名广告公司。苹果公司里的天才程序员、天才设计师，外州的、外国的，其实都是先来到硅谷定居，然后才机缘巧合地进了苹果。所以，还是乔布斯在家门口找来的。现在的苹果和微软一样，在世界各地都有分公司、办公室、代表处，国际化得很。可它刚开始时就是一家彻头彻尾的本地化公司。他所有的资源都来自本地，所有的人才也都在本地招募，他们一起成就了苹果，当然，反过来，苹果也成就了他们。没有苹果，他们也不会这么有名气，这么成功，成了国际知名人士。

平均来说，一个人经常交往的人也就150个左右。你如果搬家了，原来的朋友、熟人就渐渐联系少了，在新的地方很快你又会建立起一个150人左右的关系网络。150人是平均值，有的人高点，比如我的朋友刘某，号称他的手机里有3000多人的联系方式；有的人少点，可能就只和自己的亲人联系。但大多数人经常联系的人就是150人左右。因为每个人的时间是一样多的。这150人中，绝大多数是和你同属一个时空的人。我们人类就是通过和你周围的人、事相互关联、相互影响而一步步进化发展过来的。也许听广播、看电视、上网可以让你暂时脱离这种传统的生活和交互方式，但你会发现你只要还是个社会人，就离不开这种传统的生活和交互方式。你的影响范围大多数情况下，就是那150人。

分形理论的研究成果之一就是我们的世界，那个所谓的物理世界是由分形控制的。结晶体，雪花，树叶，树枝，海岸线，岩石，你看到的几乎所有一切如果持续分割下去，每一小块都是它的整体大块的一个缩微版。"见微知著"是自然界的构成方式。计算机说到底就是"二进制"——开和关。但是你看看，它创造出了何等丰富、自然、真实的虚拟世界。你甚至都要相信这个世界就是"二进制"了，这个世界不就是阴阳的无限交互变化创造出来的吗？我们的太阳系和我们的原子核结构何其相似啊。这个世界真是充满神奇。

我们如果要了解这个世界，雅典神庙中写着"认识你自己"，这就够了。如果你愚笨（我们都是），那么认识你周围那150个人就够了。那就是你的世界。你可以创造出比乔布斯还辉煌的成就，只要你能深度挖掘你自己及你周围那150人的潜力。正好乔布斯家周围聚集着一帮天才，然后他们一起造就了苹果，造就了辉煌？我不信。我更相信事实是这样的：世界上的每个人都是潜在的天才，他们很多人缺乏机遇和机会，而乔布斯和他周围的人很好地把握住了一个机遇和机会，于是每个人心中的天才释放了出来。他们一起做成了苹果，就这么简单。

马云创办阿里巴巴的时候和他的"十八罗汉"说，"你们都是连长排长的料，将来师长、团长我要从外面请"。这话很伤人自尊，还好，这"十八罗汉"没有自暴自弃，现在反而把那些空降兵师长团长都给挤走了，因为还是他们自己最了解阿里巴巴，对阿里巴巴最有感情，而所谓的管理能力就像孩子吃奶一样，谁不会啊？给个机会，都能学会。马云曾经向往外面那个精彩的世界，所以阿里巴巴一有点钱后，就韩国、美国、新加坡地到处建立办事处，后来又一一关掉，太费钱了。马云曾经看不起自己的"十八罗汉"，可恰恰是这"十八罗汉"造就了阿里巴巴的辉煌，打下阿里巴巴成功的基础。他们是天才吗？在马云眼里不是，但他们是和阿里巴巴一起成长起来的，这就够了。乔布斯的工程师、设计师们也不是天才。但无论是马云还是乔布斯，无论"十八罗汉"还是乔布斯的工程师、设计师，他们都有一个共同点：在合适的时间，抓住一个合适的机会，努力并坚持下去了。所谓"时势造英雄"也。

互联网经过了近20年的发展，是该回归根本的时候了。那就是人最常接触、最容易接触、最深度接触的还是他周围的人和事物。互联网也要走本地化的道路，互联网也要在服务本地化的需求中寻找机会。如果卡玛会引领这场互联网的新的革命，届时不要认为我们是什么天才，嘿，到现在为止，还没人认识，没人听说过我们呢。我们只不过是一群碰巧住在附近，又对这件"小事"特别上心、特别看好、特别激动的普通人。我们中的一些人没读过大学，没交过女朋友，没开过车，没出过国，没有什么钱，长得也不好看，说话还结巴，卫生习惯也不太好，有时候说脏话，抽烟，上班时间玩游戏，小偷小摸，自私自利。如果能凑够十八人，可以叫"十八罗刹"了。

最近找一个猎头朋友帮我招一个人，她问我什么要求，我最后加了一条，家住浦东。

有信任的团队才是有战斗力的团队

在微软时我的 Direct Report 每每收到这类邮件，"我孩子今天下午足球比赛，我会早走，有什么事请尽量在下午三点之前找我"，"我老婆要去买东西，我需要早点回家带孩子"。他是老板，他说了算，但没必要这样把私事都公布于众吧，我心想。可是，不管怎么说，这样的老板你就是感觉很容易亲近，也很信任。他确实也赢得了属下的一致尊敬。

昨天一个员工找到我说："我上个月请了三天假，但是我每个周末都加班了，所以工资就不扣除那三天的，可以吗？"你说，老板能不答应吗？不光答应，还会更增添一份信任呢。

信任是什么？

简单地说，信任就是让人看得懂，不要让人怀疑。在这个世界上，除非你不想也不需要别人一心一意的帮助和合作，建立信任关系是最基本，也是最重要的人际交往准则。一个能精诚合作的团队才是有战斗力的团队，而合作的基础就是信任。

心直口快、头脑简单的人往往也是最容易获得别人信任的人。而有心机、有城府的人往往容易让别人心生芥蒂，产生提防心理。最亲密的两性关系中，更是容不得一点儿猜疑和怀疑。能信任别人也能被别人信任的人是快乐的，幸福的。

很多人错误地以为建立人脉关系就是收集名片，发发短信，写贺年卡，见个面，吃个饭什么的。这只能算认识，没有信任关系的建立，这种认识不会给你带来很大的价值。一个人的"信任值"越高，他事业就越成功，家庭就越幸福。还记得囚徒理论给我们的有关合作的启示吗？公开地展示自己遵循的简单易懂的游戏规则，让人一目了然，同时保留自己对不合作、不遵守游戏规则的反击或惩罚力量，这是建立信任及合作关系的方法——我不复杂，很简单，我透明，很公开，但我也不是一个软柿子好欺负。

团队内的信任关系不断累积，执行力、工作热情不断得到加强——办公室里那虽看不见但可感觉得到的活力就得到增强。还有什么比信任更基本、更重要的吗？

还在靠省钱赚钱吗

昨晚从无锡回上海的路上晚饭也没吃就去参加了一个电商的沙龙，主题是电商仓储及物流。30 多人的聚会有电商，也有投资人，在大家一一介绍完自己后，主持人将话筒转给了演讲嘉宾 —— 一个年轻漂亮的电商企业主。

我于是有幸吃到了一次关于电商仓储及物流的知识大餐。一个电商能够开始关注仓储及物流已经说明企业做到一定规模了。日单量在 300 件以下的企业其实是不需要建立仓储系统的，多雇几个人就能解决问题。但是当企业规模大到一定程度时，管理者就会发现很多问题开始出现，这些问题仅靠多雇人是解决不了的。比如，如何及时补货，如何合理安排仓储空间，如何盘点，如何灵活增加SKU（库存进出计量单位）以配合多样的市场营销，如何合理化进货、拣货、配货、包装、发货流程以减少不必要的劳动和人为差错。大的电商可以自己研发一整套的 IT 系统实现量身定做解决进销存的精确管理问题，而小的电商怎么办？目前市场上还找不到能够满足小电商管理自己的仓储和物流的软件系统，导致小电商碰到发展的瓶颈而无法突破。主持人还适时地播放了一段介绍 Amazon 先进的仓储及物流配送的视频，在座的各位都惊叹不已。主持人总结说，仓储和物流就是帮助企业提高效率，省钱。在商品价格战愈演愈烈的电商市场，谁能在仓储物流上提高效率，谁就能赚得利润。她还列举了京东商城的例了：10 元进，8 元卖出，它难道疯了吗？它没有疯，它是在低价挤占其他电商的市场空间，然后再通过自建高效率的仓储物流及快递系统，通过这个赚钱。听得我是头皮发麻，眼冒金星，再听下去，我就要口吐白沫，一命呜呼了。

错，错，错，错得太离谱了。一家公司不是靠创造出有价值的商品然后把它卖出去赚钱，而是靠先进高效的仓储物流系统赚钱，这听着就不像人话，怪不得中国人勤劳而不富有呢——都想着靠怎么省钱去赚钱。

靠省钱赚钱是一种缺乏开拓和创新精神的表现。省钱有很多种办法，增加劳动时间（工资不涨），增加劳动强度（计件考核），采用更便宜的原料、设备、包装（牺牲质量），等等。靠省钱赚钱也会很脆弱，一次危机就可能造成企业倒闭瘫痪。

靠省钱赚钱自然也就培养了勤劳的习惯，而勤劳在某些情况下不是美德。一个人在忙的时候，大脑的供血其实是不足的，血液都流向了身体四肢，"忙"这个字就是"心亡"。以前的人们认为，心就是大脑，所以中国古人虽然不懂解剖学，但是敏锐地感觉到忙的时候，人是不思考的。有的人一忙起来就停不下来，其实就是一种"运动快感"。想想吧，一个不思考的人在当今的这个时代会成功吗？

现在电商碰到的所谓仓储物流问题不是新问题，这就是过去几十年企业为提高效率而广泛尝试过的 ERP（企业资源计划）。ERP 在中国是非常失败的——水土不服，消化不良。ERP 能为企业提高效率和准确率不假，但是它的投入和成本也是巨大的。当你的企业劳动力成本很低的时候，ERP 的投资回报率是负的。Amazon 不知道要卖多少货才能赚回它当初投巨资建立的仓储物流系统，何谈靠这个系统赚钱。我想京东商城并不比 Amazon 多个鼻子，多双眼。

乔布斯在评价他的继任也是前任，约翰 · 斯卡利（前百事总裁）时说过："他搞错了，完全错了，苹果成功要靠做出伟大的产品……"产品是有灵魂的，任何事、任何物都是有灵魂的，你如果不能感受到存在于事物当中的灵魂，不能赋予你所创造的事物以灵魂，你就只是在买东西，卖东西，你就只配买卖低价。电商从原来的小制造企业主转而直接面对市场，满脑子只有卖东西的概念。在座的一个山东籍电商这样说道："我觉得卖高价心里有愧，我的东西就只值这点钱，我做企业讲究诚实。"还真是我可爱的好老乡呢。可是，说句得罪人的实话，你如果不能真正理解、了解你的顾客，你就不配卖货。你如果这么有"良心"，你就应该学学河南那个卖萝卜的，白送萝卜给穷人，同时挑些成色好的，装在无纺布的高级包装袋里，写上，"日本 AV 女星的小腿"，卖它一百元一根。

中国人勤劳勇敢的传统在网络电商中继续传承，线下的价格战在网络上因为更加透明而变得尤为激烈残酷。我们卖什么都像是在卖青菜萝卜。我们弄得自己身体很累，脑子却很傻。所谓电商的困境其实也是中国人的困境，这是一种思维的困境，是几千年来只会低头拉车，不敢抬头看路的困境，是只会窝里斗，而不敢走出去的困境，是勤劳但不富有的困境。中国人为什么不会笑，笑是一种大脑放松的表现，我们整天紧张兮兮的，哪敢来得半点放松呢。

"……电商应该考虑的是如何提高自己产品的附加值，靠赚钱而不是省钱去求得利润。顺便说一下，我们卡玛在做的就是帮助电商如何提高自己产品及服务的附加值，各位如果感兴趣，结束后可以来和我换换名片。"我忍不住抢过话筒发言。

创业必须信自己

我想每个人在创业过程中都经历过怀疑自己的阶段，甚至不止一次。盲目的乐观自信固然可以让自己开心点，轻松点，但后果往往是灾难性的。所以创业者如履薄冰，小心翼翼，瞻前顾后其实是一种明智的自我保护手段。马云自己也说过："我一高兴，倒霉的事就来了。"

可是如果创业总是处在那样压抑的心态下，估计没几个人能坚持下去，精神上受不了。乐观自信是一定要有的，没有这个，没法创业。关键是如何区分盲目的乐观自信和真实的乐观自信。如果你不知道自己的乐观自信是盲目的还是真实的，那它就是盲目的。真实的乐观自信是建立在对现实的准确把握这一基础上的，是建立在自己可控的因素之上的。

我其实不是很适合创业的，怕吃苦，怕担风险，怕影响生活。而且，我又不善于也不喜欢和人打交道，没做过市场，不懂销售，不懂财务，光说不练，脾气暴躁。要说有什么优点，那就是实在，不喜欢也不会玩虚的。别人报价都是报个高价然后一点点让，最后让个很大的折扣，让买家感到占了个大便宜，欢欣鼓舞。我只会报实价。报高价我会脸红，心里不安。碰到"识货"的买家不还价马上付钱的，我喜欢；但更多的是砍价砍得我心烦意乱、苦不堪言的。我有时会"反思"，自己是不是需要改，也尝试过改，但最终还是改不了。这就是我的风格，或者说个性，江山易改，本性难移啊。更何况，实在有什么不好，很多人可能因为你实在，就更相信你，而不是提防着你呢。所以，我最终还是突破了自己，在做生意方面我坚持了自己的风格，我相信自己。那些因为我拒不让步、拒不减价的客户最后反而更相信我，还保持了长久的商业关系。你相信自己，别人也就相信你。你自己满嘴忽悠"跑火车"，连自己都不信，别人也不傻，凭什么相信你啊。相信自己，其实就是诚实面对自己。对自己诚实，他人就能感受到你诚实的气场，因而更相信你。

我对技术很有感觉。这话怎么讲呢？就是我经常凭直觉就知道问题出在哪里，还有就是在使用技术、做架构设计、定方向、估计开发周期方面我往往能很快做出判断，并且事后往往证明我是对的。这可能和我二十多年的软件开发及管理经验有关，熟能生巧嘛。

三年前，我又是凭直觉看到了一个方向，用 3D 虚拟现实技术融合网络游戏技术开发一个可以为企业应用和服务的商务平台。

在商务应用前景方面，我和我的合作伙伴们非常看好，可是他们不知道在技术上可行不可行。我经过简单的分析后，认为可行。

然后就是组建团队、公司，开始了研发。中间经历并克服了无数的困难，技术和产品终于一步步地走向成熟，关键的几个核心技术难题也都如愿以偿地被攻克。公司也做出了上百个案例。可是在市场方面，始终不能有大的突破。我开始怀疑自己，怀疑团队，怀疑方向，甚至怀疑市场。

散发传单，没有效果；打销售电话，没有效果；发展代理商，没有效果；做搜索引擎优化，微博营销，E-mail 群发，参加展会，都没有很好的效果。我们做错什么了吗？怀疑开始在团队内部蔓延。我也开始对自己产生怀疑，我对市场的判断是不是错了？这项技术是不是太超前于市场和时代了？毕竟，连美国都没有相似的公司、产品和应用案例。我们难道要超越 IT 鼻祖，几乎所有重要 IT 及网络技术的发源地——美国吗？ VC（风险投资）问我的第一个问题就是，美国有类似的技术吗？我说没有，对方就会以怀疑的眼光看着我。可是，我最终没有退缩，还是选择了相信自己。不是盲目相信，而是建立在对未来的信念上的真实的相信。

我们的成果引来澳大利亚一家做游戏平台的技术公司的关注，其 CEO、CTO 先后三次来我们公司访问交流，对我们的技术和商业模式赞不绝口。一家德国游戏公司想做我们的德国代理，德国没有这个技术，他们觉得我们非常有创意。国内也开始有多家传统企业找我们谈合作，希望用我们的技术来打造 3D 网上商城、园区、展会等。这在一两年前都是想都想不到的机会。而我们还在不断前进，对我们的产品和技术又有了新的认识、新的理解、新的方向。相信自己，当创业碰到困难的时候，想一想最初的那个理想是否还在，是否还真实，如果是，就不要怕眼前的这点困难，坚持下去，因为未来站在你这边。相信自己。

用激励让员工
真正满意

我前年买了一个 Wii 放在公司里，并买了很多体感游戏碟，有网球、射击、高尔夫、滑雪、拳击等，并带头玩。热了一阵子，后来就没人玩了，现在放在那里成了摆设了。

我这样做是有原因的。

在硅谷工作的时候，公司里有免费的饮料、午餐，有游戏机，有桌球，有足球，如果再引进几个大型游乐设备，公司就成了游乐场了。我问老板，这样做为了什么，老板回答，如果把公司弄得比员工家里还舒服，员工就会留在公司加班，不回家了。从那以后，我就记住这句话了，梦想有一天我也能为我的公司、我的员工做这样的事情——员工高兴，公司得益，双赢。

我在硅谷工作的那家公司后来倒闭了。在清算贱卖公司资产的时候，出人意料的，那些游乐设备没人要，倒是电脑很快被员工低价抢购完了。硅谷的公司都有为员工提供免费午餐（甚至晚餐）、饮料及游乐设施的传统，我也一度认为这是硅谷人自愿加班的原因，但事实并非如此。

赫兹伯格在他的 *The Motivation to Work* 一书中总结了他称为"双因素理论"的研究发现。该理论认为，管理中有两种力量在起作用，一种是激励因素，一种是保健因素。激励因素决定了一个员工在工作中是否满意，而保健因素决定了一个员工在工作中是否不满意。无效的激励通常不会直接导致员工不满，而有效的保健通常也不会导致员工满意。

赫兹伯格所指的激励因素也是和工作本身相关的因素，如成就、认可、责任等；而保健因素是工作之外的因素，如公司政策和管理、薪酬、工作环境等。员工的工作满意来自工作本身，来自其发挥才能，实现价值，产生意义和结果，得到周围人的认可，并承担责任。而员工不满意的原因往往是缺乏工作安全感，环境恶劣，薪酬低下，管理混乱，同事关系失衡等外在因素。所以一个管理良好的公司应该两手抓，既要给予有效的与工作直接相关的激励，也要做好基本的"保健"工作，为员工创造一个安全、和谐、轻松的工作环境。

有钱的财大气粗的公司在保健方面有条件做得很好，但往往发现员工并不"买账"，工作满意度并没有提升，只是没有了不满意，但和满意还有很大差距。这是缺乏与工作直接相关的激励的表现。工作在舒适环境中的国家公务员、国有企业的员工不会轻易辞职，没有不满意，但就是工作没有积极性，不负责，官僚，懒散。这和他们工作缺乏意义、缺乏价值、缺乏激励有关。他们很难在工作中感到满意。

像富士康这样的公司则在员工的基本保健方面都难以做到位，工作及生活环境恶劣，长时间加班，这样的工作再有价值、再有意义也难以持续。跳楼其实是一种心理崩溃的表现，而公司管理中保健因素没有得到足够重视是主要原因。

硅谷的很多公司过分注重保健因素而忽视了激励因素，这是职员成就感低的主要原因。我放在公司的游戏机没有人玩了，可是大家工作很努力，很有热情，也经常加班，这是因为工作本身吸引人，有价值，有挑战，有创造性，能充分发挥每个人的潜能。而办公室有没有空调，拥不拥挤，有没有免费午餐、饮料，甚至有没有社保，工资高不高，头衔高不高，以及有没有游戏机都变得不那么重要了。我们有一个女员工，每天骑一个半小时电瓶车来上班，她从没有抱怨，非常乐观、积极、主动，工作上的事情完全当成自己的事情在做。这和她的高度责任心有关系，但更重要的是我们持续的对我们所创立事业的沟通让她相信自己在做一件伟大的事业，而这种高度工作满足感来自于意义和价值，来自于客户的肯定，来自于完成一件困难工作之后的成就感。

当公司的管理者把员工当机器使用的时候，员工得到的不是工作满意，而是徘徊于不满意的边缘。如果公司管理者知道如何领导，如何激励，靠工作本身的意义价值和成就来激励员工的话，那员工就会收获工作满意。《劳动合同法》是一部保健法，而成就、认可、责任才能产生高质量的满意。

对不帮忙却总提意见
和建议的人敬而远之

昨天从中午开始一连参加了三个活动，直到晚上 10 点才结束。第一个活动是在浦东陆家嘴国际会议中心举办的民间金融高峰论坛，茅于轼及吴英案的辩护律师都有出席，可谓是大腕云集。朋友周汉的融道网也是主办单位之一。我早早来到会场，领了资料，融道网的"毛主席语录"式的宣传小册子已经出到第四期了，一如既往的幽默、俏皮而又发人深省。演讲还没开始，我却走了。

当这种活动参加多了，就会产生一种厌烦心理，好像看新闻联播，都是大事情，但与我无关。这种活动往往都有礼品赠送，还有免费午餐或者晚餐，开会地点也多是豪华会议中心，或者五星级酒店。而我却经常会在这样的会议中睡着。虽然带了很多名片，但主动前来找我换名片的多是各公司销售人员，价值不大。这种会议也往往是各大公司竞相赞助的对象，当然天下没有免费的午餐，会议资料袋里装满了各公司的宣传材料。宣传材料和会议一样缺乏个性，没有价值。我每次都期望有些惊喜，但每次都很失望。面对着媒体和众多的与会嘉宾，台上的演讲者字斟句酌，不敢越雷池半步，说的大多是可以发表的废话。台下观众配合一起演出。

从国际会议中心出来，我坐地铁来到飞马旅的咖啡吧，参加路演。这里要自己掏钱买一杯咖啡，人不多，二三十个而已。我一边喝着咖啡一边听别的创业者一一上去介绍自己的项目，都很有趣，也很开眼界。每个项目介绍加点评讨论不过十几分钟，但是可以粗略了解一个行业，一个公司，一个技术，一个市场。过程中往往能够发现一两家公司所做的东西可以和我们有合作或者互补。忙上去交换名片，沟通一下，立马敲定第二天见面详谈。都是创业者，对机会都很敏感，也很会把握。点评嘉宾是这个领域的大佬，但具体到每个项目，还是创业者自己最清楚，最了解，其实应该把点评变成闭嘴，连建议都不要提，就想怎么能帮到这家公司、这个创业者就好了。你花五分钟了解的东西怎比得上人家几年甚至十几年的积累。风险投资应该充分利用自己广泛的资源帮助创业企业牵线搭桥，只提供帮助，不评论，不限制，不要求，帮到了，企业成长了，你自然可以从中分得相应的利益。这也是飞马旅的投资理念，只是飞马诸君做中国投资做久了，一时还很难改变好为人师的习惯。昨天的杨振宇先生表现得很不错了，点评在我听来都很高明，但我还是明显能从几个创业者那里感受到礼貌的"听听算了"的客气，有几个甚至还是忍不住要反驳一番。创业者不是不需要不同或者反对意见和建议，创业者是不需要外行的意见和建议。创业者最需要的是帮助，各种各样实实在在的帮助。其实，不只是创业者，任何人都是如此。我们太需要直接的帮助、默默的帮助了，我们对帮助我们的人总是充满敬意和感激，我们对不帮助却总提意见和建议的人则敬而远之。

晚上我又来到吴兴路的老约克咖啡吧。早到两个小时，整理名片，与几封 E-mail，然后又出去吃碗馄饨，回来后晚上的创业者沙龙开始了。主讲人是朋友赵总，做"山寨"安吉星的，这是他自谦的说法，其实是超低成本的智能车载服务系统。我虽然认识赵总，但以前没怎么深入交流过，这次沙龙我看到了一个真实的、精彩的赵总。两个多小时的娓娓道来，创业过程中的精彩感悟，人生可以如此精彩、如此丰富、如此意义深远，我深深沉浸在赵总的世界里，感受着那一阵阵的同声相应，同气相求。这才明白为什么物以类聚，人以群分。在座的创业者都能感受这种精神的相互谐振，大家都有共鸣，这个晚上，让在座的每个人都感觉好亲近。

赵总讲了他大学毕业后做人寿保险的故事。面对一个孩子的母亲，已经很晚了，产品也介绍完了，对方还是没有想买的意思，似乎还在犹豫着，毕竟这需要交 6000 多元。赵总在那一刹那灵感顿现，说："想象一下孩子 18 岁时，您拿出这份保单作为礼物送给孩子，这是 18 年前作为妈妈的一份关爱。"那个母亲眼中涌现出泪水，当场签单了。赵总，据他自己说，从此爱上销售。

人际交往中最宝贵的是真情，在古希腊的字典中，甚至连道德一词都没有，颇有中国老子的"大道废，仁义出"的精神状况。古希腊最珍惜的就是真情，真就是最高的美德。人际交往礼貌固然重要，但那往往是真情缺失的情况下的第二选择。礼貌换来的是对等的礼貌，只有真情才能换真情。真情是在有安全感的地方才会流露的。乱哄哄的高峰会议就像"高峰"这个名字所代表的，是个装模作样的地方，怎么可能有真情流露。没有真情，也就没有真正的交流。赵总说当一个老板和你谈他发家史的时候，这个生意基本就成了。就是这个道理，人在流露真情的时候才是真把你当朋友，中国人只和朋友做生意。销售高手往往都是做人高手，高手永远以真面目示人，真情流露，不装模作样，不装酷，不忽悠，看上去很傻，很好骗，但他们就是能瞬间拉近关系，他们能让对方不设防，也让对方掏心窝子，让对方真实、真情面对，这样的交往不像是谈生意，更像是交朋友。我们总是过多把别人看成是经济人，试图说服对方的脑，但是做出购买决定的往往是心。要说服心，那就一定要用心。这就是人际交往中少而精的原则。

电话响了，"范先生您好，我是××贷款公司的，您需要贷款吗……""对不起，不需要，别再打了！"这个世界上懂得人际交往少而精原则的还是太少了。

小公司才有的自由

在美国时给汽车换机油大多是自己换，找修理店换要30多美元，美国机油又很便宜，主要是人工费高。后来条件改善了，别说换机油了，连车都不自己洗了。回国后基本上就没怎么干过体力活了，然后再天天去健身房跑步游泳出汗。这是一种生活方式，我也不知道什么时候就被同化了。

前几天去换机油的时候，小店的师傅问我正时皮带换过吗，我说没有。他说该换了，不然断了就麻烦了。去4S店询价要1000多元，在这个小店只要500元不到。虽然说这是比换机油要复杂的活，在4S店换肯定更放心点，但是几百元的差价也很诱惑人啊。反正是个破车，没那么娇贵，一狠心就在小店换了。

小店不大，10平方米左右，只能停一辆车，店主看上去30岁左右，有一个帮手和一个学徒，就三人。店主亲自给我换，边换边聊。据他说，他有十五六年修车经验了，4S店也做过，像换定时皮带这种活他闭着眼睛都能干。最多时，一个月换过 40 次定时皮带。什么毛病、什么小车都能修。我说，你吹牛，发动机你能修吗？我都没看见你有吊发动机的装置。他指着角落里的吊架，说，不就在那儿吗，我这里地方小，放不下，所以拆了放。他接着侃，其实大修不算什么，最难的是找问题原因。接着给我讲了几个他修过的经典案例。我打断他，问他为什么不在 4S 店干了，开这么个小店，条件也这么差，自己也没辆车，还在骑电动自行车（我看到房间角落里在充电的电动自行车），他哈哈一笑说，自由。

我常去的菜市场有一家三口做东北杂粮煎饼的，他们租了一个巴掌大的门脸房，现做现卖。一个煎饼 2.5 元，我一般买 8 个，所以要等很久。他基本上一分钟做一个。这家人"很懒"，早上做一桶，下午做一桶，早上的基本上卖到 11 点就卖光了，因为煎饼好吃，都是排队在买。只要卖完他们就歇业，回家睡觉去了，下午 1 点半再来。我几次中午去买菜，就没能买到他们的煎饼。问老板为什么不多做点，回答不是"太累"，就是"太热"。扩大再生产，雇小工？没想过，现在这样子挺好。真是不求进取啊。

据说沃尔玛在美国"横行"的时候，很多 Mom&Papa 小店都关门了。家乐福、沃尔玛进入中国，很多人担心中国这些街头小店可能也要关门了，结果非但没有，还有了更大的发展。再破烂的临街房屋、临时建筑都能在第一时间被出租出去供人开店做生意。这些小店总能通过其更精选的商品、更低廉的价格、更亲民的服务、更长的营业时间与大商场、大超市竞争。这些小企业、小公司、小生意的生命力可谓顽强。而每个这样的小企业、小公司背后都是一个追求自由的灵魂。经营小企业、小公司是这些人的生活方式。给他们打工的这些小弟小妹们，在耳濡目染的熏陶下，理想也将是开一个这样的小企业、小公司、小店铺。他们和老板、老板娘之间不只是简单的雇佣和被雇佣关系，同时也是师傅学徒、亲人、朋友、同乡关系。这种纽带不是大公司里那种所谓的同事关系能比拟的。这里更复杂，夹杂着许多与单纯的商业及雇佣关系不同的社会关系。

中国最多的企业是乡镇企业，乡镇企业平均雇佣员工数是 6 个。乡镇企业普遍缺乏技术、资源，能源消耗也都存在浪费现象，污染严重。但是中国的乡镇企业充满活力，并且解决了大部分的非农劳动力就业问题。国家政府从 20 世纪八九十年代大力扶持乡镇企业，到现在开始治理整顿一些污染严重的乡镇企业，兼并、技术改造，甚至简单地关闭等手法并用。这样做，一方面是解决中国环境破坏及污染问题的必要措施，但另一方面也间接地打击了乡镇企业的活力。

在大城市里，城管们几乎是采用"黑社会手法"来治理打击流动摊贩的，街道是变干净了，也少了夜间扰民的噪音，但是城市活力也被打压了。有没有更好的办法呢？台北的士林夜市、沈家门的夜间海鲜大排档，到早晨的时候像变戏法一样干干净净的，这种做法值得学习和参考。

　　小公司小企业等同于活力，而这种活力来自于人的自由，自由不能靠管理，只能去疏导。一旦自由的精神被扼杀了，活力也就没了。小公司小企业如果不能生存，我们失去的也许不只是生活的方便，而可能是选择，是自由。

创业者和市场的关系才是根本

这几天都是一大早（7点）就赶到公司，写PPT，准备参加《创业家》杂志举办的黑马创业大赛。虽然PPT的版本没有几十个也有十几个了，但每次面临演讲或者演示的机会，我都会重新做一下PPT，总有新的思想、新的进步、新的产品、新的融资计划，以及团队新人。公司发展快，变化多，PPT也要跟上形势。

等上班高峰期过了，我的外地车可以上高架了，我就出发去苏州参加创业大赛的预赛。车子已经在沪宁高速上了，收到秦的一个短信："范总，加油！小心开车，不用回，我们都希望公司能壮大起来！"瞬间，我的眼角湿了。

几个星期前，我也有一次哭出来的经历。南京的客户来我们公司参观，鉴于之前的保密条款而没有给对方看过我们做的任何案例，后来，合同签了，我就让小杨准备好了我们两年前做的3D

商城给对方看。很久没看这个 3D 商城了，原先做这个商城的人马大多都离开了公司，这个商城也因为一些技术问题始终没有解决而暂时被搁置起来。这次有机会"重见天日"，我们每个人都觉得有些新鲜。小杨一边演示，我一边讲解，我自己也不由得发出了赞叹，不是作秀，而是真的觉得我们两年前做的东西竟然是如此的完美，功能是如此的完善，界面是如此的合理。一百多家店组成的商城也显得很有规模和气派。我讲着讲着，讲不下去了，声音竟然有些哽咽，它勾起了我太多的回忆。

这是我们当年在条件不好的民房里没日没夜做出来的成果。因为是在一楼，所以冬天非常冷，夏天非常热。那时空调是有，但因为是民房，电脑太多，只要一开空调电路就跳闸，所以再热再冷，空调也不能开。为了省钱，我们自己买菜来做，大家轮流当厨师。我们都是技术人员，不懂得界面设计，为了让这个 3D 商城拿得出手，我们狠心大手笔花两万元请了一家设计公司帮我们设计了整套的界面。那时我们每个人只是每月拿个两千元生活费。就是这样的一批人，在那样艰苦的条件下，做出了中国第一个上线运营的 3D 商城。只是因为那时的网络条件、市场还不成熟，这个商城始终没能运营起来。后来也就只好下线，封存起来了。公司转型做项目和解决方案。

车子到苏州创业大赛的地点时离比赛还有一个钟头，我可以去吃个午饭再回来，想想还是算了，因为工作忙，经常错过午饭时间，久而久之就养成了不吃午饭的习惯。

终于开始比赛了，我也有些紧张，虽然已经历练过无数次了，但每次演讲还是会紧张。经验告诉我，越是这时候越需要放松，尽量看淡这件事，不要有心理包袱，从环境入手，找可以缓和或者缓解紧张情绪的因素，周围人的紧张会传染，这时你自己一定要有定力，要能不受其他人的影响。

轮到我了，我深深吸了一口气，稳步来到评委面前，坐下，打开电脑。演讲要能交流，不能交流的演讲是自言自语，是演讲的大忌。我面朝四个评委中的一个，开始话题："朱总，刚才在下面我从《创业家》杂志上看到一篇介绍您和您公司的文章。"朱总有些诧异，但马上点了下头，"我觉得我们两家公司做的东西有合作的地方，我们的理念也是一致的。"朱总想说些什么，但又忍住了。这是在比赛，在路演，而且我只有 5 分钟时间作陈述，现在已经过了 10 秒钟了。我把电脑往后挪了下，这样可以让评委中坐在最边上的那位女士也能看到。这个细节我在下面的时候就想好了。因为桌子狭长，其他路演者没有考虑到这位女士看电脑屏幕可能有些费劲，我注意到了，我要有些改进和不同。果然，女士对我报以欣赏的微笑。做完这两件事，我也不紧张了，甚至还积聚起一股正能量。"互联网有两种世界观，一种是谷歌的，认为这个网络世界就是由一台台电脑连接成的，其间跑的是信息。谷歌只需要对这些信息进行索引和管理，就能为这个世界创造价值。还有一种是 Facebook 的，他们认为这个网络世界是由一个个人连接成的，电脑的网络并没有人的网络重要，电脑的网络应该服务于人的网络。我们认为，互联网还有第三种世界观，那就是卡玛的世界观……"

评委被吸引住了，在专注地听着，观众也被吸引住了，围了上来。我越讲越放松，越讲越有激情，我感到我在掌控会场。我知道我成功了。

一位朋友曾经对我说过，不要把自己成功与否建立在别人的评判或者某些外在的认可及荣誉上，成功就是一种自信的力量。当你有了这种自信，你就已经成功了。他说得太好了。

我最终得到晋级，将会在9月份参加在深圳的复赛。同时我也拿到一张邀约卡（表示有风投对你的项目感兴趣，想谈谈）。那位女士（一家风险投资公司的合伙人）也主动和我交换了名片。台下的观众、其他创业者、现场的另外几位风投都过来和我交换名片。有几家公司也表达了对我们产品的兴趣，想合作。我也主动找了另一位创业者，提出了我对他项目的想法，并认为我们可以合作；他深表同意，并约好下周从温州来上海找我详谈。

开车回来的路上，我在思考比赛中一位风投说的话。"风投对你们创业者最终来说不是重要的，甚至都没什么关系，说到底，创业者和市场的关系才是根本。创业者应该更多地考虑如何赢得市场，这才是最最基本和重要的。"

是的，创业大赛、风投、路演，这些都是锦上添花的东西，做好企业基本面，生存、发展、技术、市场、管理，做好企业该做的一切事情，让风投，让资本来找你不更好吗？当你能真正自信的时候，你就成功了，而先有一个成功的你，才会吸引周围一切的资源向你靠拢。

　　要像掌控会场一样掌控公司、掌控市场，但前提是你要先能掌控自己。

第2章

管创意

慢热的才是好东西

看了一部美国的纪录片，讲的是整个美国现在是玉米的天下了。玉米做成糖浆，给牛喂玉米饲料（因为草饲料成本更高）……结果对美国人的头发进行成分检验时发现，其中含有很高剂量的玉米成分。美国人成了自己追求经济效率的牺牲品。中国是不是在这方面也在学习甚至赶超美国呢？令人欣慰的是，中国人那全球独一无二的敏感的味蕾已经率先感觉到来自单方面追求经济效益的威胁了。You are what you eat。21世纪，中国人的饮食会有哪些方向上的趋势或者改变呢？

不管怎么说，"养成"是需要时间的。中国人有个成语，拔苗助长。这样的结果就是欲速则不达。许多东西，尤其是新生事物，它的成长、发展、成熟是需要时间的，是不能催促的。微软商城卖一种T恤，上面写着"Class 75"，标志着个人电脑元年1975年。1975年是微软成立的那一年，但那一年全美卖出多少台电脑呢？

2000 台而已。以至于比尔·盖茨对盗版深恶痛绝，因为销量本来就少，不足以覆盖成本。5 年后，虽然有了指数级别的增长，但也仅是 100 多万台。甚至 Kenneth Olsen（DEC 创始人）还说过："人人拥有一台电脑是根本不可能的。"个人电脑进入大众消费市场花了 25 年时间。iPod？不是你想的一夜之间，它也是在 6 年时间内稳步成长起来的。红牛好像是一夜之间成名的？错，1999 年，可口可乐开始推出自己的运动能量饮料时，红牛已经占领这个品类 12 年了。一举成名似乎是针对丑闻的传播速度而言的。

真正好的东西、创意、产品、模式往往不是大爆炸式的推广成功的。它往往是慢热起来的，并且在这个过程中，不断改进，不断完善。期望自己公司的产品、服务一夜成名，一炮打响，就好像期望自己的孩子能一夜之间长大成人一样不现实。

我今天让我的产品经理走人了，他是个很有事业心、很有创意，也很努力的年轻人。只是，他太浮躁了，他被太多的想法包围了，他看了太多的网站、太多的信息，他什么都想学，结果什么也学不透了。他很可怜，因为他成了自己追求效率、追求信息的牺牲品。他如果能先了解清楚我们自己产品的特点，然后从这里出发，去学习，去思考，去创造，他会快乐很多，也会对公司有更多帮助。我很遗憾不得不让他走，我也几次找他谈话，希望能改变他的看法。可是，真的很难。"我们公司的目标和你想做的事情没有交集，我希望你原谅。"这是我最后对他说的话。

先感动自己，
再感动别人

我发现现在小孩子的玩具大多都是用塑料或者类似的化工原料做的，一是方便做出各种形状，二是不会砸伤或者割伤小孩子。于是你看到塑料玩具枪、塑料人偶、塑料小盆小碗，很精致，看上去也很美观，花里胡哨的，什么颜色都有。只是，在我这一代人看来，毫无趣味性可言。玩具的根本不就是趣味吗?

我在装修房子的时候，突然童心大发，什么都要自己来。自己铺地砖，自己做木工，自己安装（当然，重要的地方还是需要专业人士指导或者操刀）。门口的地砖是我自己花了一整天铺的，歪歪扭扭，高低不平，还有几块被我用橡皮锤不小心敲碎了。但是感觉很爽，很骄傲，也很喜欢。

前些日子又突发奇想，何不把我们建的店（3D 的）画出来，挂在办公室里装饰一下。自己做画框，自己画，都是第一次。画框做出来有点介于菱形和不等边长方形之间的一个 1×1.2（米）形状（因为木料受潮，有些弯曲），用了很多钉子，所以看上去还算结实。蒙上画布，然后用订书机狠狠地钉了一圈，结果画布还是没有绷紧，迎风一挥，就像鼓起的风帆。顾不得这些了，买了阿克力颜料，晚上一个人，一边看着电脑（里面是 3D 店铺的形象），一边作画。

太费颜料了！还好，我选了一个白色基调的店铺，而我正好有多买一大罐钛白阿克力。先用铅笔打好底稿，差不多就可以了，因为画框实在太不规则了。钛白加不同量的黑色就可以调出不同灰度的灰色或者阴影色。我是急性子，先是毛笔，后来就上刷子大面积地涂抹了。经过三个小时紧张地作画，作品终于完成了。近看实在惨不忍睹，远看，是个店铺，还挺有立体感的。最终还没忘签上名字和日期。

第二天带着冲击钻到公司，在墙上钉了两个大钉子，把画挂了上去。小赵说，看了很头晕。嗯，她看梵高的画也头晕。

DIY 是什么？我的理解它就是艺术。没说艺术一定要完美，当然人在追求艺术的过程中，自然会去追求完美。但是，站在艺术创作冲动的角度说，艺术就是艺术家的自我表达，换句话说，我爽了，就可以了。DIY 就是将每个人心中的那个艺术家挖掘出来。先感动自己，才能感动别人。不能感动自己的东西指望它感动别人，那就是矫情。

塑料玩具剥夺了小孩子 DIY 的乐趣，而我们小时候的玩具表面上看都是用最现成的免费的材料做出米的，但是这个过程就是DIY，这个过程充满着无穷的乐趣和创造性。找"最好"的树杈做弹弓，弹泥球（看谁搓得泥球最圆），滚铁环，打纸包，真是精彩绝伦的创意。当然还有吹用过的避孕套当气球的经历。

工业化带来方便的同时，千万搞清楚自己的界限。给用户多些选择，给用户创造属于自己的东西的空间，给用户 DIY 的机会，这会是未来的方向。至丁你，你还会 DIY 吗？你懂得抓住这其中的巨大商机吗？

有专利、无创新

在微软的时候从事的是移动技术的研发工作。微软专利部门多次来我们部门考察，鼓动我们申请专利。我和下面的员工开了个会，发动大家思考下哪些研发成果可以申报专利，结果一个都没有。我想了一个，找专利律师聊了一下，他说，这个可以啊，很好啊。于是按照这个标准再找，找出十几个来。本来想都报上去，结果发现填写专利申请非常麻烦，还都得我自己填（别人英语过不了关），偷懒，只报了两个。作为申请专利的回报就是一个小黑方块（有机玻璃做的），上面刻了你的名字、专利的名称，以及感谢祝福的话语。有一次，去北京微软搜索团队谈事情，看到一个研发经理的桌子上摆满了这种黑方块，足有四五十个，我问都是你的吗，他说，嗯，我们做研究的容易申请专利。

今天看到一篇文章，讲微软在移动技术方面的专利有 1.7 万件，诺基亚 4.2 万件，苹果 4000 件，安卓整个 Ecosystem（生态系统）600 件。结果呢，诺基亚基本出局了，微软只占智能手机市场 2.4%，苹果的风光这里不用多说，Andriod 更是占了智能手机市场的半壁江山。怎么专利越多，市场占有率越小了呢？

看看这些所谓的专利的质量就知道了。在微软，受过近一天的专利知识培训，微软的专利战略是"防御"而不是"进攻"。什么是防御呢？说白了就是"核威慑"，一个个专利就是那核导弹。谁拥有的核导弹多，谁的核威慑就大，至于说这个核导弹能不能打出去，不是关键。打个比方，有家不知道天高地厚的公司发现微软侵犯它的专利，兴冲冲地找律师来告微软，以为可以大捞一笔了。微软只需要在自己浩如烟海的专利库中随便找找，也能发现对方公司侵犯微软专利的问题，你告我，我还告你呢。私下谈判，大家都会同意钱不要给律师赚去，于是一场危机化为乌有。这就是核威慑的威力。

微软维护一个专利的费用是每年 2.5 万美元，小公司根本玩不起。专利不看数量，要看质量。一个企业找到申请专利的"感觉"后，可以随便申请，要多少有多少。可是对你企业的核心竞争力没有任何帮助。研发如果是奔着专利去的，那真是本末倒置，这样的研发成果毫无意义。

我的经验是开创性的工作最容易产生创新，在未知领域的探索最容易产生创新，不人云亦云、有勇气有胆识的人容易创新。而只有创新才能为企业提供真正的核心竞争力，不是专利的多少。

南京理工大学的一个老师说他们学校一年上千个专利在国内还只是中游水平，而人家斯坦福大学一年才 85 个专利。

专利是不是走入误区了？

与创意跳个舞吧

"如果有这样一台机器，售价大概在 1500 美元，发一页信的成本是 1 美元，而通过邮局发送是 25 美分，你愿意买这台机器吗？"这个"市场调研"的结果可以预测，答案是"不愿意"。那台所谓的机器是传真机。

DEC 公司创始人 Kenneth Olsen 说过："人们不会想在家里放一台计算机的。"

比尔·盖茨说："电脑的 640K 内存已经足够了。"那时还是 DOS 时代，盖茨显然还没有从苹果的 Macintosh 图形界面机得到启发开发 Windows。

"我不喜欢他们的声音，吉他组合已经过时了。"某个唱片公司老板看了披头士的表演后如是说。

"一个电子玩具对我们公司有什么用处？"西部联盟拒绝以 10 万美元收购濒临破产的贝尔电话公司。

当然，在我们中国也发生过某个公司面对腾讯的 100 万元报价还价 60 万元，最后没有成交的故事。

这些人傻吗？显然不是，他们很多都是绝顶聪明的人。

当一个新事物出现的时候，越是过去成功的人就越是难以看清楚它的价值。这方面有本专著介绍过这种现象，*The Innovator's Dilemma*。

当我们面对一个创新的时候，最最不需要的就是套用现有的任何模式、数据来诠释它。因为你一定会发现它全然是失败的，毫无价值的。创新之所以是创新，就是没有可比性。它是新事物。汽车出现时，道路不是为汽车修的，没有加油站，汽油也较难买到，家庭也没有车库，也没有人会开，而且它还非常昂贵。它远不如马车"成熟"。

电脑最初确实不是给家庭用的，也没有适合家庭用的软件，Kenneth 说得并不错，只是他没有看到未来。

第一个买传真机的人一定是个疯子，他给谁发啊？但是它确实很酷。

贝尔电话公司更是不靠谱，它要建立全国性的电话网络，否则它的电话确实就是一个电子玩具。要看到电话的未来，在那个 19 世纪末的时代确实不容易（贝尔电话公司是美国 AT&T 的前身，曾经是全球电信行业排名第一的公司）。

苹果在最初创业时只有三个人，那第三个人叫什么，你知道吗？没几个人知道，因为他很快就退出了。继续做他的工程师，打一份安稳的工，生活条件一般。据说，他并不后悔（心态很好），他如果不退出，当时的股份现在值 26 亿美元。

面对创新，不要以为你可以做得比上述这些人都好，你可能做得更糟糕，把抄袭、把忽悠、把做假当成创新。真正的创新是什么？就是你可以找出它成百上千的缺点，但是它的一个优点，也许是唯一的优点，你无法忽视，无法辩驳。而且这个优点，是别人、别的产品没有的。这个优点，甚至也说不上是优点，它就是那么独一无二，孤芳自赏，充满魅力。

找看创新史简单，就看它的发明人、创始人是否对他／她的产品、发明充满激情和信心。有，就是有价值的真创新；没有，或者装出来的有，就是伪创新。

创新才能真正改变世界，创新才是推动世界向前发展的动力，唯有创新才能创造价值。当我们面对创新的时候千万不要学"叶公好龙"，嘴里说喜欢创新，实际上关注的只是财务报表、政府关系、市场地位、商业模式等。对于一个真正有创新精神的企业家来说，那些东西都是枝微末节，雕虫小技。创新型企业家应该而且只应该关注企业的核心价值，你那独一无二的东西是什么，如何实现它。最后，你还应该保持相当大的弹性，你是在培养一个孩子，不是在养一头猪。最好帮助她／他成为她／他想成为的对象，而不是强迫她／他长很多肉。

据说，跳舞的最高境界是可以和你的舞伴跳出默契，两人你来我往，充满韵律、节奏和美感。和你的创意、创新跳舞吧，温柔地对它说，dance with me（与我共舞）。

一流企业卖创新

我去菜市场买菜，有时会和摊贩讲价。更多的时候，是摊贩主动降价（竞争太激烈，我只要摆出一副要去其他摊位看看的架势，他就会马上主动降价）。我这是在买真正维持我生命的商品呢。可是它们除了便宜，还是便宜。而我买一个iPhone，给苹果贡献的利润可能抵得上我一年的菜钱呢。

三流企业卖产品的使用价值，所以价格越卖越便宜，因为没什么好比的，你有，人家也有，所以只好比价格了。二流企业卖产品的符号价值，也就是卖品牌。品牌讲究的是定位，在消费者头脑中的定位，你如果能牢牢占据消费者头脑中的一个品类的定位，你就赢了。而一流企业呢，他们卖的是什么？他们卖创新，只有我有，也就成了业内标准了。当然，创新是有很大风险的。那主要是针对段位不高的创业者来说，在真正的创新型企业家那里，不创新反而是风险很大的呢。还有什么比担心明天出现一个比你卖的东西价格更便宜的玩家更令人恐怖的呢？创新就没有这种担心，也不用拼命从员工工资、福利、产品质量上抠利润。

但创新面临的最大挑战是在你之前消费者没有这个需求。你需要去创造需求。这和做品牌的二流企业的区别是，二流企业是区别需求，同一个需求，我的价值要高于你的；创新企业要解决的是从无到有地制造需求。人类几乎所有的需求都是制造出来的，最初都是没有的（除了面包和水），这对创新企业来说可能是个安慰。创新不需要从过去的、老的、所谓成熟的产品中寻找注脚，创新就要保持自己的特立独行，因为还好这个社会是由1%的创新者加90%的跟风者加9%的顽固不化者组成的。你的东西只要是真正有价值的创新，就至少有1%的人喜欢。而这1%的人会支持你走下去，不断完善你的产品和服务，最终那90%的跟风者，就像它的名字一样，终究会跟风的。

人需要什么？老子认为人什么也不需要，无欲则刚。但你知道人很贱的，什么都想要，所以你要进入人生第三境界，"看山还是山，看水还是水"。你自己可以什么都不要，但是要能"理解"别人什么都要的本性。

消费者越来越精了

我曾经买过一套金山词霸的正版软件，上一次买正版软件已经是 13 年前在微软商场用朋友的员工卡买 Exchange Server、NT、Visual Studio 及 AOE 游戏了。我承认我用过很多盗版软件，由于只是仅供个人使用，所以罪恶感还算小些。那套正版的金山词霸并不贵，有盒子，有光盘，还有说明书，我很兴奋地装好，也很好用。过了些日子，重装系统，需要重装词霸，带有序列号的盒子找不到了。我于是打电话给金山公司，看他们能否帮忙。接电话的小伙子尝试帮我解决问题，但就是不行，似乎那天的系统很是不配合。最后，他很抱歉地对我说，你去装个盗版的算了。

买家用电脑我喜欢去电脑城买，也不是图便宜，毕竟在那里买到质量差的内存、硬盘、电源，甚至假的、二手翻新的零配件的概率也高。我喜欢去那里买是因为配置可以非常灵活，同时它预装的软件也可以非常多，省了我很多工夫。而且这些软件往往都是最新的，破解的，用起来很顺手。当然，价钱也确实很便宜，如果懂得砍价的话。

这让那些品牌厂商非常尴尬。

任何一个做营销、做市场的人都会感觉到现在的客户和消费者远远比你懂得多，对你的产品和服务，没错，比你懂得多。

他们对你的产品和服务的定义更准确，你只有点头称是的份。

他们控制你的销售策略：他们决定买不买，怎么买，什么时候买，在哪里买，甚至多少价格买。你不信？敢说半个不字，生意准泡汤。

你以往学的所有的营销策略、手段、技巧都是错的。你不张嘴说话还好，一张嘴，客户看你一眼后，跑了。

你那些所谓的商业秘密已经在网上传播得尽人皆知，成为共同知识了。

以前，有句俗话，从南京到北京，买的不如卖的精。错，现在卖东西的更像个傻子。

你做的所有广告都没人看，你精心设计的广告词在顾客那里的印象就是"骗人的幌子"，他们只是懒得告诉你罢了，毕竟你又没有诚心地问他们，还给他们很多钱作为补偿和报答他们的时间。

你刚说一个字"范……"，对方已经挂了电话，他怎么知道你后面要说，"先生，你们家的房子要卖吗？"难道顾客都成了能掐会算的诸葛亮了？没，他们没变成诸葛亮，他们只是每天会接到几十个这类"骚扰"电话，自然练就只需听一个字就知道你后面要说什么话的本事了。

顾客会聚在一起讨论如何对付你，你信吗？

你的销售手法几天前还管用呢，今天怎么就不行了？对了，就这么邪门，这世界变化真就这么快。

你得罪了一个顾客，以前，了不起就这个顾客，还有他的亲戚朋友不来买，现在，生意全黄了。

你写了厚厚一本商业计划书，在市场目标客户群这一栏写下"都市白领女性"，结果运营一年后发现其实是"进城打工仔打工妹"，抛硬币都比这更靠谱。不信？我说的是短信 SP（服务提供商）。

不只是做行销的人感到迷惑了，所有人其实都差不多。想想一早上爬起来去上班的人，有多少人能做"计划"中的事情？是不是这一天中充满了惊奇、意外、计划外？

创意最怕一团和气

我是家里有名的"臭豆腐"，之所以给了这么个外号，因为我"嘴臭"，难得能从我嘴里听到句好话，可心又是善的，软的像豆腐，所以老婆先给我起名叫臭豆腐，其他人都觉得好、形象，就这样叫开了。

在公司里，我也很少表扬别人。批评是家常便饭，开会时更是火药味十足，新员工都会怕我。我这样"不讨人喜欢"，一方面是性格使然，另一方面也有很大的因素是我在追求进步、追求创新。

创意很少是在安逸的环境中由一个人独自想出来的。创意是团队内部各成员间脑力激荡，甚至冲突的结果。有创造力的人会通过这种积极的冲突启发灵感，想出点子和创意，而缺乏创造力的人往往会觉得这种方式令人筋疲力尽。

《天才团队》一书通过雄辩的证据证明，好的创意几乎都是团队合作的结果。天才也需要一个舞台，一个团队，没有团队中他

创业是条不归路

人的脑力激荡，天才也会枯萎。

组合创意团队最怕一团和气，大家如果说话小心谨慎，怕得罪人，反而会扼杀创意和创造力。创意团队的每个成员要学会对事不对人，这样才能做到每个人都畅所欲言，放松，开放，点子自然就会涌现出来。团队成员间如果因为怕得罪人而小心翼翼，就会使沟通减少，死气沉沉，大家各做各的，不沟通，不交流，自然也就不会有什么创意，做的也净是些机械性的重复工作。

个人和团队的目标还必须具有挑战性。没有挑战性的工作，个人是难以得到成长的。管理从某种意义上说就是挑战员工的能力、热情，完成不可能完成的任务。如果一个员工在工作中表现不出热情，也不能胜任，这就是管理者的失职。管理者如果不能帮助这个员工找到工作热情，提高工作技能，就应该承认失败，也许让这个员工离开是最好的结果，他应该在其他工作岗位或者其他公司找到适合自己并且能迸发热情的工作。

一个很有工作热情的员工私下对我说，"不怕神一样的对手，就怕猪一样的队友"。当一个热情澎湃、想干一番事业的员工出现时，作为管理者能给他的最大帮助和支持就是创造一个有压力、有目标、有沟通、有争吵，但也有尊重的团队氛围。马云不是说过吗，野狗（特立独行，不注重团队）不能要，小白兔（胆小怕事，一团和气但没用）也不能要。非常正确。

中国的官场文化深厚而又源远流长，说话从来不透露个人的真实想法，城府深、圆滑成为成熟的表现。但在官场外的人看来

136

就显得极为面目可憎。这种文化是造成中国创新乏力，只会山寨，而不能有文化自信的根本原因。如果在公司小团队、创意团队、项目团队中盛行这种不得罪人的官场文化，那么创意、效率、热情也就成了空谈。

我还会是那个"臭豆腐"吗？不会，也许因为家里人彼此熟悉的原因，久而久之缺乏"尊重"了。这是个毛病，要改。我还会在公司会议上挑战别人，激起争吵吗？会，而且还要变本加厉，不然，我的公司会变成优秀的有事业心和创造力的员工的流失地，结果留下的只会搞人际关系但没能力做事。这将是最最恐怖的事情了。

创意来自团队，来自团队内部对事不对人，来自冲突而又尊重，来自挑战和压力，来自同人的压力，来自懂得并且践行此原则的管理者。

创业需要真实和生命力

莱纳德·科伦（Lenard Koren）曾经说过："削减到本质，但不要剥离它的韵味；保持干净纯洁，但不要失去它的生命力。"他谈的是设计，但是做人又何尝不是如此？

好的设计和有魅力的人有很多相似之处。有魅力的人一定是"内容大于形式"的人。"内容"就是本质，就是生命力。这是一种内涵，内涵这东西最好的表现形式就是真实，否则就是虚伪、虚假。做一个真实的人是幸福的。好的设计也一定可以给人带来幸福感。莫扎特的音乐纯粹、真实而充满了生命力。形式已经不重要了，他的音乐一听就知道是他的。李白的诗也达到了这种境界，每每读李白的诗总能感觉到背后那个鲜活的人，他个性十足，生命力旺盛。

创业者、企业家也是一群生命力旺盛的群体。过多的陪衬、花哨只会让企业家偏离方向，迷失本性。抓住企业的本质、灵魂比什么都来得重要。企业的生命力因为意义而蓬勃彰显。企业家最需要真实面对自己，对自己真实，这样才能看清现实。现实说到底是自我对外界的投射。"经验的才是现实的。"

　　创业和打工的不同在于，创业过程中你的生命和事业是一体的。

　　猪和鸡一起开餐馆，猪要领导权，鸡不同意。猪说："你贡献的是鸡蛋，我可是肉啊。"你是猪还是鸡？

乔布斯是一面镜子

每天晚上躺在我露台的吊床上，在一盏小小的 LED 台灯下看《乔布斯传》，每每需要爬下吊床，走上一圈，眼眶湿润地去喝口茶或者吃点点心，让心中的感动稍作平息。乔布斯就像是一面镜子，让你看到自己的卑微、狂妄、天才、愚蠢、善良、残忍、自私、懦弱，还有就是命运。

苹果公司的附近有一家餐厅叫地中海餐厅，是乔布斯的最爱。多年后，乔布斯找到了自己的亲妹妹 Mona，而 Mona 也是在五岁的时候父母就离婚了。Mona 通过私人侦探找到了他们的生父钱德勒——当时在萨拉门托经营一家小餐馆。乔布斯不愿意去见他，Mona 自己去了。乔布斯让 Mona 不要告诉钱德勒任何关于自己的事情。Mona 和钱德勒见面了，钱德勒有些尴尬，他过得并不好。他说他曾经经营的一家餐厅非常出色，在圣何塞北部，叫地中海餐厅，连苹果公司的乔布斯都经常来，他给的小费很多。Mona 忍住没有说，那个乔布斯就是你的儿子啊。

乔布斯离开苹果的时候在短短五个月时间内陆续卖出自己持有的苹果股票，最后仅留一股，如果需要，还是可以参加苹果股东大会的。乔布斯拥有了近一亿美元的现金资产。他出资 700 万美元成立了 NeXT，赔钱；然后又先后投入 5000 万美元在皮克斯；最后拍出的 *Tin Toy* 得到了奥斯卡动画短片奖。这其中的坚持创造了计算机动画产业的新局面。在这个过程中，他摈弃了最初投资皮克斯的那些因素——Pixar Images Computer（硬件）、Renderman（一个渲染软件），而将大部分资源给了皮克斯动画。一个时代的开启是孤独、痛苦的，只能属于那些勇于坚持和尝试的人。乔布斯在悬崖上、在刀尖上行走的艺术日臻成熟，后面的成功几乎像教科书一样标准，做起来游刃有余。乔布斯让人第一次感觉到，创新原来如此简单，回报原来如此丰厚。

我一直认为创新其实并不是在做什么了不起的事情，它只是对扭曲的现实世界的一种拨乱反正。当我们还是孩子的时候，我们的世界是纯粹的、美好的。随着年龄的增长，我们开始接触这疯狂的扭曲的混乱的世界，我们变了，变得没有那么单纯，我们失去了对美好事物的感知能力，我们成了这疯狂世界的帮凶，我们制造恶，然后也不幸地成为我们所制造的恶的受害者。我们再也无法通过孩子的眼睛看这个世界了。

乔布斯敏锐地感觉到只有艺术才能拯救这个疯狂的世界，而科技就是一把双刃剑，和艺术结合就是善的力量，就是生产力。

不懂艺术、没有文化、没有修养的科技是邪恶的，这样的人才只会为这个世界制造更多的垃圾。

乔布斯也是我们这个疯狂世界的一面镜子，他让我们看到周围是如何的混乱。乔布斯不是一个纯粹意义上的艺术家，但是他通过科技让艺术前所未有地充满了力量。是该好好地反思科技、反思经济了，让世界更美好不能成为一句空话。

经验更有效

有时候想象力比

1994 年我买了一台电脑，除了标准的 DOS 和 Windows 系统外，我还用自己费尽周折在周末用公司的 T1 网络下载并拷贝的 28 张 Linux 安装软盘安装了 Redhat Linux，在那里我接触到了 PGP（Pretty Good Privacy），由 Philip Zimmerman 开发并在网络上公开的一种加密算法和软件。我这样的菜鸟程序员也很快就发现了这个软件的一些缺陷，我忍不住给 Zimmerman 写了一封邮件报告这些问题。他没有回复，但在其后的一个版本中，其中一个问题不见了。当时的开源软件中 Linux 是核心，但是缺陷非常多，我为了搭建自己的邮件服务器，买了 O'Reily 的 *Sendmail* 一书，整整 800 多页，很小的字体。我花了几个星期的时间才架好，然后免费提供给大学生使用。我白天通过网络在公司里管理家里的这台邮件及网络服务器，晚上回家还要花几个小时修复缺陷，清理垃圾和日志。

1996 年我在开发基于 Windows CE 的网络服务器时碰到一个非常棘手的问题，查来查去，发现是 Windows CE 的 Socket Write API 存在内存泄露。在温哥华时，微软就在隔一条边境线的南边。有同事去微软出差谈商务，我编写了一个可以演示 Windows CE 是如何泄露内存的小程序叫同事带去。在半年后上线的一个新 Windows CE 版本中，这个问题消失了。这是非常严重的问题，却花了微软如此长的时间去修补。

一个在微软做实习生的朋友正好在 Windows NT 项目组做测试。他说 NT 的每一次发布都有 3000 多个漏洞（没有被修复就这么出来了）。软件越复杂，漏洞就越多。这是铁率。

那么修复缺陷就那么难吗？日本人不是能做到零缺陷吗？

我讲一个我修复自己的一个缺陷的例子。我曾经写过一个 Log 服务器，专门用来在内存循环存储日志的服务，是跨平台的（同样的代码可以在 Windows NT 和 Unix 平台上用）。写完后，我编写了自动测试程序对它进行压力测试（功能测试已经完成，一切 OK）。程序跑了半小时后，服务器就崩溃了。而且 Windows 平台下的没事，只有 Unix 平台下的崩溃。重新测试，结果一样——每次都是半小时后。找这个缺陷是一件非常艰苦的事，Unix 平台的 debug 工具要比 Windows 平台的难用。这是多线程的服务器程序，debug 也因此更难。还有就是缺陷要半小时后才出来，我有几个半小时可以等啊？我花了整整一个星期，绞尽脑汁想要解决这个问题。代码一遍遍地看，也找不出错在哪里。直到有一天，突然灵机一动,将一个计数变量从原来的 int 类型重新定义为 unsigned int,问题解决了!就这么简单。原来是计数变量从 0 往上加,最终会达到定义的最大值,这时,Windows NT 可以自动处理为回零,继续另一轮循环,但是 Unix 却一下子变成负数了,从而引起内存寻址的混乱,指针越界,程序崩溃。这是我修复过的最难的一个缺陷,而问题的解决靠的是"灵感"。

如果修复程序缺陷最终靠的是灵感,那这就是创造,不是工程了。你怎么可以要求艺术家零缺陷呢?日本人工程制造可以零缺陷,但是关于软件开发,我还没有听说过哪个国家、哪个公司、哪个程序员可以做到零缺陷。

软件是非线性、非连续系统,网络也是如此。非连续系统相比于连续系统在测试和质量检验方面就要复杂和艰难得多。你无论如何也不可能穷尽非连续系统的测试用例的。软件其实是一个在最大限度内实现较低缺陷率的准标准化产品。也因为如此,软件测试非常重要,是一门科学,也是一门艺术。在微软我招聘软件测试工程师时,出的题目非常简单,但是要看对方能否想出更多的需要测试的点、方法。想象力比经验更重要。输入整数、零、负数、浮点数,不同的顺序,不同版本的操作系统、浏览器,同时操作,减少内存,硬盘满了,同时跑其他程序、应用,拔电源。因为,一个工具,一个产品,只有在质量上乘,当然最好是零缺陷的时候才会有更多的用户使用。用户不懂也不关心这个系统是不是异常复杂,但是,质量没有借口。

没有个性，
怎会成功

对企业来讲，与顾客和客户建立起信任关系是最最重要的，而品牌的第一要素应该是信任。人们只会掏钱买自己信任的品牌商品。越是重要，越是昂贵的商品，越是如此。但如果仅仅拥有顾客和客户的信任，还不是最厉害的。这个时代，开始讲究个性了。

去年和一个企业家朋友闲聊，得知他的企业是为五星级酒店做内容服务的，包括 VOD、酒店信息、音乐点播、周边地图等。这个行业竞争激烈，他的企业在寻求创新和突破。我突发奇想，告诉他为何不尝试和我合作开发一个面向酒店顾客的 3D 网上酒吧，酒店内的顾客可以躺在床上用手中的遥控器就可以在这个虚拟的 3D 酒吧里和其他酒店顾客交互，甚至对话。他想了想，还是觉得太出格了，他认为他的酒店客户不会喜欢这个主意的，而且也没有任何一家酒店这样做过（这在我看来恰恰是绝好的机会）。

今天早上读到维珍航空在它们的航班上已经实现了这个创意。乘客可以对打开"接收器"的任何人说话，同坐一个航班的乘客现在可以在飞机上"群聊"了。这个应用是维珍航空最受乘客喜欢的应用。

维珍因为其创始人 Richard Branson 极富创新的个性而成为它所涉足的任何一个领域的"黑马"，不按常理出牌，同时让人喜爱。同苹果公司一样，它非常善于挖掘用户的潜在需求。这是那些不懂"个性"为何物的商业评论家们的结论。什么叫善于挖掘用户的潜在需求？他们明显是不懂的。

"潜在需求"本身就是伪命题，需求要不就是有，要不就是没有，没有什么"潜在的"。维珍也好，苹果也好，无非就是做到了产品及服务有个性。而个性最能赢得消费者的信任、喜爱和热情。在现实生活中，有个性的人总是容易激起人的喜爱和羡慕。我们也总是容易记住有个性的人和物，我们喜欢讲述、传播有个性的故事，我们对有个性的产品和服务总是容易毫无保留地产生信任感。一个人或者一个企业有了个性，就代表着它拓展了我们的生活、思考和感受。它带给我们的是热情和刺激，它让我们感觉与众不同。一个漂亮的人如果没有个性会显得乏味，而一个有个性的人总会显得既漂亮又有魅力。我们人类对个性的追求是与生俱来的。

大公司怕犯错误而安于现状和老年人投资追求安稳一个道理。小公司、年轻人如果没有个性，没有创新，就不可能为社会创造真正的价值。干脆为大公司打工好了，如果你做的是和大公司同样的事情。

　　创新和个性是一对双胞胎，真正的创新一定是有个性的，而个性也一定是创新的。做一个能创造价值，为这个社会带来真正的与众不同并充满自信和个性的人和企业，你就会发现，天啊，不知什么时候，你也挖掘出了用户的潜在需求。然后就会有一批人"毫无个性"地开始拷贝你的成功，但你知道他们是不可能成功的，因为你的成功来自个性——他们没有的东西。

跨界带来的创造力

某天从上海到南京参加"321大会"，在火车站接站的地方等主办方安排的车辆。他们的易拉宝广告坏了，挂不住了，用几个创可贴黏起来凑合着，风一吹，又缡开掉下来了。几个工作人员一筹莫展。反正也是闲着，我掏出随身携带的瑞士军刀，在上边割了几个口子，然后把挂杆交叉着穿过口子再拉起一挂，成了，很牢固，再也不掉下来了。我会做木工、泥瓦工、水电工，都是装修房子时自学的。看，在这个场合竟然用到了，很有成就感。

晚上去拜访了久仰的版画家刘春杰。在刘兄的画室里喝茶聊天，我一个完全不懂艺术的人竟然也感到无比的舒服和自在。和刘兄是第一次见面，刘兄完全没有把我当外人，他的朋友当中竟然也有几个和我一样做IT的，也在上海。刘兄说他自己对IT一窍不通，不过届时他到上海办画展时可以介绍我和他的那几个做

IT 的朋友认识，说我们一定会有更多共同语言。

刘兄提到"跨界"两个字。

其实，刘兄就是一个跨界的人，他画画，可是对文字又很有感觉，然后不知不觉就将版画和文字结合起来了。画有画的魅力，文字有文字的魔力，两相结合，别有一番意境。刘兄的画里有文字，往往是画龙点睛之笔，言简意赅，意味深长。而他的散文、小品文、小说，用他自己的话说，是用画的方式去写。我虽不懂什么叫用画的方式去写，但看刘兄的文字，脑中总是很自然地就出现一幅幅画面。刘兄的文字和图画的结合天衣无缝，相映成趣，无论是看，是读，都能体会出那种幽默、宽容和淡定。

跨界的人往往颇有创造性，万事万物都是相通的，可如果你只是因于一点、一事、一个领域、一门技能，你如何才能感悟到事物都是相通的呢？跨界的人就好像那个能参透自然奥秘的幸运儿，他们不断地在两个甚至多个领域中来回穿梭，互相启发，更深地理解和感悟。

我当初也是很偶然地看到刘兄的一本《私想者》，时而沉思，时而大笑，看完后欲罢不能，就斗胆给书上留的 E-mail 发去了一封信，就这样开始了和刘兄的缘分。这也算一种跨界吧，跨界就要先有胆量去跨出自己所熟悉的那一个圈子，跨到外面去，拥抱自己不熟悉的事物。有什么好怕的呢，万事万物其实都是相通的。你只有跨出去，才能明白这个道理。

用科技改变人

徐冰画了两部书，一部叫《天书》，一部叫《地书》。天书是用除了他没人能看懂的文字写的，地书是用通用的符号写的没人能懂的书。两本书都没人能懂，这是现代艺术。徐冰说："我当时有个意识，要从过去艺术的手法中跳出来，做新艺术。但新艺术是什么样子呢，我也不清楚。不清楚就好了，清楚的话就又进了一个现成的笼子。"

艺术家可能是最富创造性的一种职业了（如果搞艺术也是一种工作的话），艺术家最怕的就是"灵感"的枯竭。可是在创造的路上充满了不确定性，这种不确定性会带来紧张。人一紧张就不舒服，一不舒服就想怎么舒服，于是，舒服了，创造性也就没了。几次下来，艺术家明白了一个道理，不清楚、不确定其实是创造性的基础。学会驾驭这种不确定性是培养创造力的前提。徐冰说"不清楚就好了"就是这个道理。

如家酒店的孙坚在和记者的对话中说道："……人们在互联网上面已经变成互动性的，现在微博、QQ已经非常普及，但是对于服务终端上面人与人互动的认识，今天其实还不够。事实上真正好的服务是通过服务者和被服务者的共鸣而产生的，服务者给你一个好的服务，被服务者如果给他一些互动的话，就从心灵上面激励他持续改善。我们只有开始心平气和地去看待这个社会，看待人与人的时候，这个服务的真实和自然就会散发出来。"

孙坚也在讲他的感觉，不过这个感觉已经比较清楚了。它引起了我的共鸣。做企业也需要创造性，也需要对不清楚、不确定的东西把握玩味，而不是一味躲避。但企业本质上又是确定的、清楚的。无论你提供的产品还是服务，都是为了满足用户的某个确定的需求的。如果企业家对自己的产品和服务的功用和价值不清楚不确定，那对用户来讲就是灾难了。如何在确定性和不确定性之间把握好，是考验一个创新型企业家的试金石。

前天和另一个创业者聊天，我们聊到了上海的酒吧业态。他因为在这个行业中浸淫多年，懂很多，也很有洞察力。他说，上海的酒吧衰落了，原因是人与人面对面的沟通和交流越来越少了，在酒吧里你看到的也是一个人宁可在那里玩手机，也不愿主动和旁边的人搭讪。酒吧作为一个为勇于"冒险"的人提供结识陌生人的地方的功用在新技术的流行下变得越来越无足轻重了。既然大家更多地依赖手机和熟人联络感情，打发无聊时间，也就在无形中给周围人传递了一个信号，"我忙着呢，别打扰我"。于是，大家都"忙"起来了。没有人愿意放下手机和周围人面对面说话了。似乎那放下的不是手机，而是尊严。一个用于在酒后壮胆和陌生人搭讪认识的地方因为手机而变得不那么合时宜了。上海的酒吧衰落了，KTV 倒是蓬勃发展起来了，既然不能认识陌生人，就索性和朋友同事一起 high 吧。

我在想，既然是科技造成的小到人的习惯的改变，大到社会变迁，可否也用科技让人向相反的方向改变呢？就拿酒吧来说，我可以用我的这种技术做点什么呢？我有种感觉，这种感觉很强烈，觉得我的技术可以为酒吧，为人与陌生人的结识打开一扇门，人必须要敢于并且能够认识陌生人，因为这是传统，这是增加选择，这是打开机遇的大门，这是提升幸福感，这是满足人的探索欲望、好奇心，这甚至是我们社会健康的一个基础。我的技术可以做些什么达到这个目标，我现在还不是很清楚，不过，呵呵，不清楚就好了，否则就又进了一个现成的笼子。

3

第3章

管人生

创业要量力而行

今天从家里带来喝茶的全套工具，准备在办公室招待客人用。每次客人来都是用纸杯，一方面显得不尊重，另一方面也不环保。我准备以后给客人泡功夫茶喝。再忙，也要忙得有品位。"张总，"抿一口茶，"咱们那个……"按下加热键，"合同该签了吧"，倒水进茶壶，心情都不一样了。

昨晚参加了一个天使投资和企业家碰头的聚会。晚上 6 点到 9 点，我先到陆家嘴花旗银行楼下接一个朋友，然后再一起去徐家汇参加活动。堵车，加油，走错路，等到了已经快 8 点了。路边停车费 35 元，第一个小时 15 元，以后每个小时 20 元。因为比较晚了，收停车费的要下班了，所以给我来个打包价——35 元可以停一晚上。我嘟囔着怎么这么贵，还说我不用一个小时就走了，但朋友已经替我付了。

小小的酒吧里挤满了人，门票一人一百，一进去汗就不停地流。每个人脸上都带着微笑，交流得也很热烈。什么人会喜欢这样的环境呢？要不就是大家都有很强的适应能力，顺其自然，自我调整得好，既来之，则安之。不过最后也还是交换了十几张名片，有点小收获。门口桌子上有一叠发票，一百元一张。我没拿，从创业到现在，我没在公司报销过一分钱，没领过一分工资，还自己出钱出力犒劳员工，搞活动。没别的意思，就是觉得这样自己说话才有底气。

创业就好像是革命，都是为了一个梦想、理想而不顾一切。当然，革命有时候是真要把命都搭进去的。创业没听说需要做出这么大的牺牲。如果创业者自己生存都还是问题，虽然有置之死地而后生的勇气，但是创业是场马拉松，能挺多久最关键。鲁迅曾经说过，"革命还是需要一点本钱的"。就是指先填饱自己肚子，再想办法去追求理想。鲁迅当年可不是穷困潦倒，恰恰相反，他还挺有钱的。因为有钱，所以底气足。我们现在很多大学生创业好像是因为找不到工作，被逼无奈，才走上创业道路。这种创业碰到困难，如何坚持？或者碰到一个好的去上班拿工资的机会，是不是就会立马关门了呢？创业者如果能够没有后顾之忧，创业路上也更加能坚持方向，百折不弯。毕竟，一分钱难倒英雄汉，为五斗米折腰都是创业者不想碰到和看到的。我个人认为，创业最好是在有了一定积累和社会阅历及工作经验后去做，这样，一方面心智更加成熟，有一定财力做支持，另一方面，这时的创业点子也许是你真正的梦想和能力所在。创业要有一个梦想才能坚

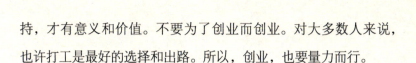

持，才有意义和价值。不要为了创业而创业。对大多数人来说，也许打工是最好的选择和出路。所以，创业，也要量力而行。

那些不该有的情绪

19⁹⁹ 年我在硅谷和朋友一起参加了当地华人工程师自发组织的一次彩弹（paintball）活动。说好了时间和碰头地点，结果因为有一个人迟迟未到，害大家等。过了近一个小时，这个小子来了，开了一辆敞篷的保时捷，车上还坐着一个高个子漂亮女孩。两人都没有表示什么歉意，组织者似乎也和他们很熟识，就这么算了。我和朋友说，这事没完，等会儿我们把他们两个往死里打。

特意分到不同组，我和朋友等到战斗进行得差不多了，我们还几乎没发一枪一弹呢。然后迂回包抄上去，找到这对躲在战壕里的情侣，然后将愤怒的子弹全部打到他们两个身上。男的流血了，女的哭了，我们拍屁股走人。

嗯，我承认我们那时还单身，硅谷男女比例 7 ∶ 1，我开的还是一辆二手破车，也许有嫉妒成分吧。但是，当时的我只是单纯地想对任何破坏游戏规则且没有悔过、歉意的行为进行惩罚。平等是没有附加条件、特例或者等级的。所以，做完这件事感觉很爽，为民除害，甚至还到处宣扬。只是现在看来，那个男的也许因为等这个漂亮女人而迟到，也许他对大家有些许歉意，但在追求的女人面前又不愿意暴露自己的"软弱"；那个女人也许刚来美国，还没有养成时间观念、平等观念。周围人对此种行为的宽容恰恰更激发了我们的不公正感、受害感。最后，我甚至觉得那个女人很丑，没有丝毫怜香惜玉的感觉了。至今我还能想起那对男女一身的颜料，女的抱头求饶，男的用身体护着女的那种可怜样子。这也许是我做过的最残忍的一件事情了。

都说宽容是一种美德，而能做到宽容着实不容易。明明心里很气，却忍着，脸上堆起笑，这不叫宽容，叫虚伪。宽容首先是理解，不理解就要先去理解。理解后，这个世界上真正不值得原谅、宽容的人和事还真是少之又少呢。

创业过程中，压力、紧张随时都有，非常容易忽略沟通和交流，非常容易采用简单粗暴的方式对待偶尔的错误行为，以致将矛盾升级，变小事为大事。创业者需要能在这种时候敏锐地感受到自己的情绪变化，及时做出调整，避免产生过激行为和言语。这并不容易，但绝对值得思考、遵守。

带着爱站在员工面前

人与人之间的沟通交流真的可以做到有效吗？最近有一本书提出了否定的看法。作者认为交流的失败是命中注定的，从各个方面分析了交流的失败。最终，作者认为只有求同存异的包容性的爱才是交流的基础。懂不懂，清不清楚，明不明白已经不重要了，只要有爱，这个交流就不算太失败。

这个结论听上去似乎也不错，自己的经验似乎也在一定程度上验证了这个结论。当心中带有爱时，似乎就容易交流，即使交流失败也不那么难堪，不那么容易产生恶果，当然，心中有爱，也同时带来更多其他方面的价值。当心中没有爱的时候，我发现，就是我特爱抱怨的时候。尤其做了老板后，更容易抱怨，可抱怨的理由似乎也很充分。如果哪天我不抱怨了，一定是对公司或者团队彻底失望了，放弃了，不干了。真的是这样吗？

我两年前投资的一家公司的老总最常讲的一句话就是，我把所有的压力、委屈、负面消息都吞下去，然后换上一副信心满满的样子重新站到员工面前。我当时觉得这虽然很伟大，但大可不必如此。员工又不是傻子，让他们听到点负面消息也许更能集思广益，找出解决问题的办法。

现在的我不这样想了。压力、委屈、负面消息都是让人不由地想抱怨的东西，而你的抱怨就是屈服。你会给自己的大脑传递一个信号，就是这个问题我解决不了。员工也会得到这样的信号。因此，压力、委屈、负面消息得到了传播，问题得到了放大。相反，不报怨并不是坐在问题上不作为，不报怨是积极面对问题的一种态度，在没有找到解决方法之前，我至少不屈服于它。同时我积极思考问题的另一面，想方设法化解、转化、替代，直至解决问题。不抱怨还不够，还需要更多地去看积极面，让自己心中充满爱，那你就会更多地积极思考问题。而当自己心中缺乏爱时，你往往就会流于被动。先做到不抱怨、不传递负面信息（信息本身是中性的，没有正面负面之分，人总是自己额外加上情绪才有了正面和负面信息之分），进而心中充满爱，去多传递正面信息。也许，我也该向这位老总学习，将压力、挫折、委屈通通吞下去，"消化"后再带着爱重新回到员工面前，变成正面能量，以激励、感动员工。也许这样，才会成为一个合格的老板。

身体的成长和
公司的成长

昨天中午匆匆吃完饭就和小黄一起去港汇见以前微软的一个同事，他现在负责 MSN 的媒体资源，我想请教他一些有关市场推广方面的问题。回来的时候已经 7 点钟了。我问小黄饿不饿，他说不饿，反问我，我也不饿。于是就决定回公司开晚会，讨论今天的所得。

路上，和小黄聊起养生之道。我说，我只相信一点，就是生命在于运动。曾经有个叫库柏的人在几十年前提出过一种理论，就是得了病不要吃药，得病是身体的一种自然恢复机制，用中医的话说就是排毒。这时候吃药硬把它压下去，反而不利于身体的康复。平时多运动，保持身体的健康平衡，身体的调节能力惊人。善于运动的人偶尔不吃饭、不睡觉很快就能调整过来。相反，那些按时吃饭、睡觉、很讲究的人反而身体有个风吹草动就生病。我高中的时候吃完中饭就去踢球，不光胃没得什么毛病，反而练就一副好胃，冷的，热的，吃多，不吃，不按时吃，都没有问题。胃从来没出过毛病。一路走来，深深感觉运动的好处。运动不只是强壮筋骨，锻炼肌肉，更多的是增强身体的"变通"能力，身体的调节能力也会得到增强。所以库柏的不吃药理论我深表同意。

其实，这也是一种人生态度。身体生病了相当于碰到困难了，吃药就是掩盖问题，逃避问题，寻求外力。而"硬扛"就是面对问题，靠自己的力量去体会、玩味、思考、行动去解决问题。善待问题，和问题及失败交朋友。每一个问题、每一次失败都是生活在教你。相信自己，相信自己的"变通"能力，直面问题，直面困难，就一定会一步步走向成功。

尼采说过，那些没有杀死你的困难和问题，只会让你变得更强大。人经历的挫折和困难越多，越成熟，就越能成就大事业。从这个角度反推身体生病，是不是每次生病扛过去之后，身体就会比以前更好了呢？或者说免疫力得到提高了呢？这个需要科学验证，我不敢瞎猜测。

公司在发展的过程中也必然会碰到各种各样的问题，有些问题靠外科手术般的方法去解决（加薪、换人、调岗，甚至赤裸裸的威胁），表面上似乎把问题解决了，其实是把问题给掩盖起来了。问题的根本并没有解决，甚至都没有触及。公司碰到问题很正常，创业者和企业家首先要敢于面对问题，要有和问题死磕、硬扛的思想准备。要从问题的根本上去思考，公司还小，这时候问题不从根本上去解决，将来公司变大了，就会变成畸形，那时就是大问题了，解决起来也会格外地费劲，甚至那时都找不到人愿意面对问题了，只能采用更加畸形的方法去补救，结果只能是越来越糟糕。

所以身体的成长和公司的成长是相通的，都需要在面对问题和毛病时积极面对，要扛，不是压。这样，当问题最终解决后，身体会变得强壮，同样的，公司也会成长得更成熟。

挑战更大的困难

19⁹⁹ 年拿到加拿大国籍后我迫不及待地就去硅谷找工作了，花了一个星期的时间就拿到两个录用通知，选了稳定点的、办公室装修很豪华的、但是工资却低一点的那家。然后找好住处，把车留在加州就飞回温哥华搬家。当时的台湾女友和我一起将所有家当装车（整整一大卡车，U-Haul 租来的大卡车），清晨五点告别她，独自一人开着这大家伙去加州。到了加州安顿好后，再重新开我那辆小车的时候，感觉非常非常的熟练轻松。大车转弯、平行停车、倒车都非常难，一路开过来技能得到了提高。再开小车，就非常轻松了。

读大学的时候练吉他，晚上半夜在淋浴房练，夏天蚊子多，但这么坚持下来，而且要练就练最难的曲子，比如轮指的阿尔罕布拉宫的回忆、彝族舞曲等，等到再去弹简单的曲子，就很容易了。

我在温哥华的时候参加了一个球队，总输球。后来转会到另一个香港人的球队，成绩稍微好点。冬天没有比赛，就自由组队参加欧美人的室内足球比赛，结果一个赛季下来，没赢过一场。最惨的一场是 0：28。大家太受打击了。可是开春后参加华人新赛季的比赛，我们就轻松拿了冠军。

温哥华有座山，叫 Grouse Mountain，有个比赛叫 GG（Grouse Grind），是爬山比赛，垂直距离达 1000 米。我第一次爬用了 64 分钟，赛会记录是 28 分钟。公司有个同事，白人，叫 Bill Gordon，每天骑山地车上下班（后来我也学他，骑车上下班，结果被汽车撞昏过去一次）。他爬那山是 36 分钟，每周五他都去爬一次。我要和他一起去，他让我自己开车过去，到了就爬，他骑自行车过去，然后追我，结果还是他赢。我和他较上劲了。几个月下来，我最好成绩已经是 43 分钟 30 秒了。后来我球队的朋友一起去爬，我让他们先爬 15 分钟，然后追，中间就追上了，一量脉搏，他们是 120，我是 80——我刚活动开。

这些说明什么？当碰到困难的时候，挑战更大的困难，那些先前的困难就显得微不足道了，这也是一种人生态度。

创业团队需要
三种人

我是个创业者，这是毫无疑问的。我从来不生活在过去，对当下甚至也没有多少兴趣，我只对未来着迷。毕竟，未来是所有梦想的所在。我不停地做梦，然后不惜一切代价地去追逐。一个梦想的完成，就是另一个梦想的开始。人生就是在不断的追梦中实现。这有时让我筋疲力尽，但是我对乏味、一成不变更是避之唯恐不及。创业者就是生活在未来的人。创造、创新是他生命的根本。

我的一个朋友是个管理者，他生活在过去。他最大的兴趣所在就是维持现状，引入秩序。他将其他的每个人都看成一个完美秩序或者机器的零部件。他要求纪律、效率。他认为这个世界如果没有秩序地"乱来"，将会是一件非常可怕的事情。

我的另一个朋友是个专业人士，他只对"物"感兴趣，他认为万事万物都有自己的规律可循，只有合乎科学地做事，才能成功。他只生活在当下，解决一个又一个的实实在在的问题，这让他充满成就感、满足感。他喜欢做事，他对自己的专业技能充满信心。

如果每个人都这么纯粹，就简单了。其实每个人心中都有上面三种人的影子。"创业者"代表的是自己的梦想、希望和未来，没有梦想的生活是枯燥的。"管理者"代表的是秩序，是组织，是可依靠的过去、传统、成功经验。没有"管理者"这个角色，人会疲惫不堪，永远生活在动荡之中。"专业人士"代表的是能力，任何事情要有能力去实现才有意义，否则就只是空想。

创业要成功，团队中必须要具有上述三种人，缺一不可。一分的创业者，二分的管理者，七分的专业人士。互相之间要能协调，平衡好。只有创业者，或者创业者占了绝对地位的公司，做不出吸引人的产品，建立不了可靠的服务体系，只能到处兜售梦想。只有管理者或者管理者夺了权的公司，将不会为社会创造新的价值，当它最终失败关门的时候，令人敬佩的是它依然井井有条。而只有专业人士或者专业人士说了算的公司，就会做出一堆没人要的产品。

创业者、管理者和专业人士要能充分意识到一个公司的成功离不开创业者的战略眼光、领导才能，管理者的计划、组织和协调能力，以及专业人士的执行力，缺一不可。

做企业是理解世界的最好手段

有朋友问我卡玛（Karma）是什么意思，为什么我给我们公司起名叫卡玛。

汶川地震的时候，莎朗·斯通在接受媒体采访的时候说了一句话："Is that karma？"（那是报应吗？）结果引起轩然大波，国内媒体纷纷谴责莎朗，民情激愤。karma 在这个语境下是指 bad karma，也就是报应的意思。但是 karma 还有另一个含义，good karma，也就是缘分的意思。这是我给公司起名叫卡玛的初衷。我有时候和大家开玩笑说，如果我们做得好，就是缘分，做得不好，就是报应。

无论是缘分还是报应，karma 都是指一种佛教中的"业"的状态。你的所做所为、所思所想都会对你自己，对他人，对周围环境产生影响，这就是业，也是卡玛。因果、轮回都是卡玛。行善、积德也是卡玛。卡玛无所不在，无所不包，博大精深，意义深远。

好的卡玛是一种平衡，中庸。举例来说，慷慨是好的卡玛，慷慨过头了就是奢侈，就不好了。慷慨得不够就是吝啬，也不好。让好的卡玛流淌，就需要保持一种平和中庸的心态。而缘分就在平和中庸的心态中展现，无处不在。

做企业是认识、理解世界的最好手段。你如果不能保持一种平和中庸的心态做企业，企业就很难具有一种持久的有价值的生命力。你也不可能在真正意义上认识这个世界运行的终极规律。你只会从一个极端走向另一个极端。

卡玛让我清醒，卡玛让我始终关心一个企业最重要的那点——价值和意义，那是 good karma 的源泉。

内心要强大

几年前弟弟回国创业的时候问我国内买什么车好，我推荐捷达、桑塔纳，或者我开的这个牌子现代伊兰特。弟弟没听我的，买了个稍微高档点的，理由是，上海这个地方比较势利，车子开得破，会被人瞧不起。

我觉得自己心理强大，从来没觉得需要在外表、行头、车子、房子、名头上装点门面，在美国待久了，似乎都觉得装点门面反而会让人瞧不起——这个人是不是因为不够自信才这样撑门面？公司里我也没有自己的办公室，和大家一样的桌子椅子。但是我又足够敏感，还真经常就感受到了别人异样的眼光、势利的眼光。而我也知道这些眼光都是在那些行头上扫视，每每碰到这种情况，我都有些泄气、沮丧。有时把父亲的好车借来开一开，就经常能让周围人"眼前一亮"。怪不得张朝阳1995年回国创业，成功后很受伤地买了豪车，就为了不再被周围的奔驰宝马摁喇叭让道。

中国，心理弱小的人太多了。

心理弱小的特征就是在比自己弱的人面前自信心爆棚，而在比自己强的人面前又完全没有自信心了。对上司唯唯诺诺，对下级吆五喝六是心理弱小的表现。对没钱的人看不起，对比自己更有钱的人又逢迎巴结也是心理弱小的表现。故意刁难老百姓的政府工作人员是心理弱小的表现。喜欢吹嘘夸大的是心理弱小的表现。拉虎皮、扯大旗是心理弱小的表现。愤青是心理弱小的。装模作样的是心理弱小的。喊"我爸是李刚"其实也是心理弱小的。谁是心理强大的？

在中国，心理强大的好像都已去世——孔子、老子、张骞、唐三藏、毛泽东、邓小平等。我们这个社会在现在这个阶段产生不了心理强大的人。也是，物以类聚，人以群分，有个心理强大的人在我们周围，不更显得我们心理弱小了吗？心理弱小的人最怕别人知道这点。

我承认我偷过东西

上次公司同事们一起吃饭，问到谁曾经偷过东西的时候，只有我举手了。

1994年暑假我在伯克利找了一份程序员的短工，雇主是加州大学伯克利分校的一个教授，他的公司叫Geartech Software，开发了一款齿轮辅助设计软件，是用Basic语言编写的。因为当时的PC机很多都还是640K内存，为了更有效地运算，他需要更新算法，同时他还想利用Pascal语言中Memory Overlap的技术实现更有效地使用内存。他需要一个既懂Basic，又懂Pascal，还会算法的程序员。我得到了这个工作，一小时15美元。比起在学校里一小时5美元的助教工作，这无疑优厚太多了。

我计划在加州考驾照，买辆车，然后暑假结束后开车横穿美国回东部学校，所以我很节省，每天上班早中晚三顿饭都是热狗。公司就是教授的家，员工除了一个偶尔过来的会计就我一个人。

每天早上 8 点左右我就骑着朋友不要的自行车（仅仅是车胎破了，他就不要了，我补好了，就归我了）上班，晚上 8 点左右老板撵我走我才走。我是按小时付工钱的，多干一个小时是一个小时。

公司里有时候没有人，我就会看看有什么可以偷而不会被发现的。桌子上有成卷的邮票，老板经常发推销自己软件的信，成卷的邮票贴起来比较方便。我就经常撕些邮票，以后用得到。

老板很爱请客，点了很多，他自己又吃很少，我觉得这个老板太浪费，偷他点邮票更心安理得了。直到有一次，我问那个会计为什么老板请客从来没请过她，她直言不讳地告诉我，老板是怕我光吃热狗营养不良，又怕直接和我说伤我自尊，才这样变相地帮我改进伙食。

我没有退还我已经偷的邮票，但我以后再没有偷过。老板再请客的时候，我总是借故不去了，同时我自己改进我的伙食——买麦当劳吃。我努力把整个程序都用 Pascal 重写了一遍，性能、功能都有了很大提高。我在完成工作后，也终于考到了驾照，花650 美元买了我的第一辆车马自达 GLC，1982 年的。在一个夏日的清晨，我开车踏上了回东部学校的路。

五年后，我再次来到硅谷工作，我凭着记忆摸索找到了我曾经工作过的 Geartech Software 旧址。敲开房门后，一张陌生的脸孔，对方告诉我，Geartech 已经搬走了，去了蒙大拿。一定是去养老了，祝福他，我在美国的第一份工作的老板，一个善良、细心、慷慨的老教授。

下面是他给我写的一封推荐信，原文如下：

Fan Zhen worked for GEARTECH Software, Inc. during the summer of 1994. He worked on rewriting and debugging the latest version of our PC based computer programs: GEARCALC, AGMA2001, and SCORING+. These are programs used by engineers to design and analyze gears.

Fan showed an amazing ability to learn quickly and his work was immediately productive. We found that he was very innovative and many of his recommendations were used for improving the user interface of our programs.

We were very impressed by Fan's industrious nature and we are grateful to him for the amount of work he accomplished in a relatively short time.

Our only regret is that he had to return to school. We would have been pleased if he could have remained with GEARTECH Software, Inc.

Sincerely,

Robert Errichello

President

GEARTECH Software, Inc.

1017 Pomona Avenue

Albany, CA94706

我宁可自己是傻蛋

"Whizzbang,
pronounced sleep is for the weak."

这是我在硅谷位于 Mountain View 的新创公司 Outpurchase 工作时印在 T 恤上的一句话。互联网泡沫破裂之前的硅谷是"今夜无人入眠"的硅谷。最有趣的现象就是一到晚上，居住区一片漆黑，而公司区却到处灯火通明。这是硅谷的传统。苹果公司在早期开发 Mac 的时候，Mac 团队印了 T 恤，上面写着，"每周工作 90 个小时"。Lisa 团队也不甘示弱地印了 T 恤，上面写着"每周工作 70 个小时，但按时交货"，暗讽 Mac 团队在产品开发时间上远远落后于自己。Apple II 的团队也 hold 不住了，印了 T 恤，"每周工作 60 个小时，但养活 Lisa 和 Mac"，揭露 Lisa 和 Mac 团队不赚钱的事实（Lisa 和 Mac 是苹果公司那时的另外两个电脑主机品牌，都比苹果 II 电脑要先进）。

硅谷是个疯狂的地方，我在第一家公司做无聊的数据处理和分析工作不到三个月就辞职跳槽去了 Outpurchase。在第一家公司最大的成就就是做黑客一个月赚了 1500 美元。写了一个可以自动骗取点击计费的小程序，然后装了五六台电脑，一天 24 小时运行，月底就可以收到 All Advantage 公司寄来的几十张支票，少则 20 美元，多则 50 多美元。那家公司真应该好好利用我的写程序的天分，但是他们太有钱了，太成功了，太不需要我了。于是我走了，去了一个刚刚创立不久的小互联网公司 Outpurchase。

我的第一项任务就是维护一个 1500 多行程序的超级复杂的文件。公司里已经没人能看懂那个程序文件了。原来的程序员不辞而别，代码没有注释。而几乎所有其他文件都会和这个文件发生关系。这个文件太重要了。这对我来说并不难，如果时间允许，我可以重写它。我总是认为重写远比维护别人的东西要简单，尤其是当别人的东西是垃圾的时候。就算不是垃圾，也带着别人的"体臭"（你也可以说它是风格），我一般都不喜欢。我是个熟练的程序员，有过一天写 600 多行程序然后编译一次通过的经历。我在这家小公司里不出一个星期就奠定了我技术老大的地位了。

公司运气不错，拿到了一大笔风险投资，我的工资也在一夜之间就翻倍了。公司搬家到 Mountain View 的一处园区，和谷歌相距不远，在 Chemdex 斜对面。一切都是新的了，21 寸的显示器，最新最快的电脑，笔记本配的都是双核的，完全可以跑服务器端所有程序。公司也招来了更牛的架构师、程序员，他们带来了新的理念、新的技术、新的开发流程。我们要采用 Java J2EE 的技术重新开发我们的平台，而我不懂 Java。

公司请来了 *Master EJB* 一书的作者，也是 Server Side 公司的总裁来给我们培训 Java，一个星期后，我们就开工了。不得不说，那时 Java 技术的毛病和问题实在太多，作为一个不是很熟练的 Java 程序员，我做起来很是吃力，而我还要带团队。公司于是又将 Server Side 公司的几个讲师留了下来（给予优厚待遇），协助我们一起开发。

在一年多的时间里我带队去波士顿的 MIT 考察一个为我们做架构设计的团队，发现对方的设计漏洞百出，而且严重落后于时间表。我们请示终止与对方的合作，而改由我们自己设计开发，得到支持和批准，后来事实证明我们自己也有这个能力，产品还提前完成开发了。再后来，我找老板抱怨数据库工程师拒绝按我的思路修改他的存储过程，当天下午，我发现那个工程师被开除了。他甚至连申诉的机会都没有。我被宠坏了。

公司最后还是倒闭了，纳斯达克崩盘的那天，公司就开始裁员了。看着公司从 200 多人到 100 多人，到 60 多人，30 多人，每天都有人在哭，每天都有人离开。最后连我的老板也被炒了。他哭着对我说，"They told me that I didn't push hard enough"（他们告诉我，我没有足够的推动力）。我变得异常消极。早上 11 点才来公司，下午 3 点就和剩下的另一个程序员去星巴克喝咖啡，晚上 7 点再去看电影。每天如此。看着空荡荡的公司，我最后也选择了离开。

硅谷是程序员的天堂，在那里技术人员是被当作神一样对待的。现在中国到处都在建中国的硅谷，吸引科技人才去创业，去发展，可是如果仔细比较一下的话，真是差了十万八千里。我们对人才的尊重很多只是嘴巴上说说的，我们也不懂什么是真人才，什么是傻蛋。所以我们搞一刀切——看文凭。

别以为我认为自己是人才，我不是，我巴不得自己是个傻蛋，一帮子傻蛋在一起干傻事，说傻话，挣傻蛋的钱，不是很好吗？在中国要想活得明白点，你会发现很糊涂；而你糊涂了，你就明白了。

日行一善，
幸福一天

　　有人做了个实验，让学生周末回家各自去做一件给自己带来幸福感的事情，周一大家讨论。结果周一回来，每人报告自己做了什么，大致可以分成两大类：一类是找乐子（和朋友玩牌、吃饭、看电影之类的），另一类是做好事。结果相对于做好事给人带来的幸福感，找乐子就黯然失色多了。

　　有一个网友提到，他在耐心地帮助侄子回答了小学三年级的数学题后，一整天都变得非常善于倾听，态度温和，别人也更喜欢他了。

　　我多年前开车路过一个道口，看到一个乡下女人背着一个竹筐，筐里是她的头露在外面的小孩。我停了下来，示意她先过，她犹豫了一下，然后小跑着过了马路，回头给了我一个微笑。顿时，我的心里也充满了阳光，那一整天都非常幸福。看，至今还记得那感觉呢。

这就是给予比得到更能让人幸福的道理。如果每天都能找机会做一小件善事，那这一天都会幸福。

早上出门顺手带上垃圾，发现电梯里有别人散落的垃圾，捡起来，一起丢到外面大垃圾筒里，感觉很好。

进办公大楼，帮别人抓一下门，并说一句，您先走。

中午在餐厅吃饭，看到有人端着餐盘找位置，可以对他说，我吃完了，您坐这里吧。

地铁里给老弱孕残让座，并搀扶一把。

对问路的人耐心指路，如果顺路的话，带他／她一段。

生活中有很多不如意的地方，这就是生活，但是你可以选择积极一点，通过做些小小的善事，让自己幸福每一天。

以创业之名，改变世界

这个世界变化之快已经让人有些无所适从了。人的无力感越来越大，对周围环境和世界的把握缺乏信心。不只是年轻人如此，年纪大的、成熟的，甚至所谓成功人士也时常感到无能为力。每个人都期望这个世界变得好点，每个人却又不知道该做些什么。中国如此，美国也差不多，全世界似乎已经找不到一片净土。

逃避是个听上去不错的选择，只是有多少人甘心如此？又有多少人能够逃避？

我们每个人都隶属于一个组织，有人甚至是多个。组织，或是公司，或是政府。组织的意义在于其目的，组织的价值通过执行以实现其目的。我们为什么要隶属组织，或是加入组织？因为这是我们和周围世界产生意义的方式。我们通过组织改变世界，让这个世界朝着我们所期望的方向发展。

做一个空想家是没有价值的，价值的体现是对社会、对他人、对世界产生影响。人的最高级需要——自我实现，就是为目的、为意义，通过改造环境、改造世界而实现的。

从这个意义上讲，创业就是一次为意义、为目的而去改变环境、改造世界，让世界更好一点的尝试。改变世界是非常难的，人一方面有着改变世界实现价值的冲动，另一方面又不喜欢变化，希望事物能够被把握，稳定，哪怕它是错的。这是人的惰性。每个人都有。

创业是一次重新让周围世界产生意义和价值的过程，在创业的过程中，你将世界缩小了，缩小到你可以把握的程度。在这个范围内，你将会对它产生绝对的影响力。你不再是一个随波逐流的被人被环境摆布的小棋子。你全部的价值和意义就在于实现你的公司的梦想和理想。你不再是一个空想家，你会更加专注——有什么比能让这个世界因为你而改变更重要的事呢？创业让你从真正意义上了解世界、社会、人性以及你自己。每个人都应该创业，或者以创业的心态做事。

心想事成

有个小伙子叫伯恩斯，他身无分文，穷困潦倒，坐火车来到了爱迪生实验室，要求见爱迪生。他说他想做爱迪生的合伙人。

多年后爱迪生回忆起这段往事时说："当一个人对某物怀有强烈的渴望，并且愿意赌上自己的整个未来而不惜孤注一掷时，这个人必定成功。我之所以会给他机会，是因为我看见他已经下定决心不达目的决不放弃。"爱迪生给了伯恩斯一个低微的并且收入微薄的打杂工作，伯恩斯兴奋地接受了。

后来，爱迪生发明了一个现在叫做电话的东西，当时这个东西既笨拙又很难用，除了爱迪生，没有人对它感兴趣。当然，我们的伯恩斯却发现机会来了。他主动要求去销售这个玩意（是的，当时这个东西被戏称为"爱迪生的玩具"）。结果伯恩斯很快就卖掉一套，后面就一发而不可收。爱迪生后来和伯恩斯签约，让他

负责电话的全国销售。他们合作了 30 年之久，伯恩斯也成为百万富翁。

爱迪生知道自己的发明具有强大的市场潜力，他需要的是强大的销售力来帮他实现这一切。就在此时，伯恩斯挺身而出，事情就这样发生了。一切看似偶然，却蕴含了这个世界造富的原理。

有个词叫心想事成，其实这不是指运气好，而是事实的实现。你想要什么，你就会得到什么。那有人说了，我想要 100 万，我怎么得不到呢？其实他得不到恰恰是因为他没想要 100 万，他实际想要的是不努力。不付出就得到 100 万，这样的好事怎么会发生呢？心想事成是要真心地想，虔诚地想，只有这样才会事成。《非诚勿扰》节目中有一期是一个男孩默默地为一个女孩付出，藏在心里，当有机会在节目中向这个女孩表白时，他的真情终于打动了这个女孩，牵手成功。在场的很多人都掉下了眼泪。看，这才是心想事成。

因为爱迪生知道自己发明的价值和意义，所以才会坚定不移地做下去，他强大的磁场如果没有吸引到"伯恩斯"，也会吸引到"乔恩斯"。看似他需要一个懂销售的人才，而这个人恰好就出现了，其实这是必然。他首先具备了成功的基础和条件，而其他人就会自动被吸引过来，就像成熟的花朵吸引蜜蜂来采蜜一样。

伺候人丢脸吗

地点：虹桥机场贵宾候机室。

一个商人模样的旅客不知道什么原因和贵宾候机室门口接待的小姐发生了口角。旅客破口大骂，气得把自己的行李箱一脚踹倒在地（真是气疯了）。接待小姐很淡定，一副任你狂风暴雨，我自岿然不动的神态——规定就是规定，你发什么神经。旅客发完脾气后，临走甩下一句话，"你们上海人这种素质就只配做服务员"。旅客离开后，几个服务员小姐也骂了一句"港都"（上海话，傻冒的意思）。

这个旅客大错特错了。首先，原谅他发疯失去理智，说话可能就语无伦次了。不过，想想这也是被那服务员小姐气的。错误一，服务员就等于低素质吗？素质低就只配做服务员吗？这是对服务员职业的侮辱。错误二，上海人只配做服务员？我有个观点可能极端，上海人、北京人就不配做服务行业。

1993 年我刚到美国，一下飞机就被朋友接到科德角的一家中餐馆打起黑工来。早上 11 点上班，凌晨两点下班，住在餐馆提供的宿舍里，睡客厅地铺。我的工作是 Bus Boy，就是跑堂的，waiter（服务员）我还不够格。我的小费从所有 waiter 的小费里提成。几天后，朋友对我说，要想挣更多钱，有更大发展，就要做 waiter，做 waiter 就要先背熟菜单，于是我就开始背菜单。印象中就是猪肉、牛肉、鸡肉和各种蔬菜的排列组合，比如花菜可以分别炒猪肉、牛肉和鸡肉，这样就有三个菜了，以此类推到土豆、胡萝卜、青菜等。价格也基本分成几大类，7.99, 8.99, 9.99, 10.99等。和国内的菜单比起来，简单得不能再简单了。可是，我就是记不住啊。上错菜，上错桌，算错账几乎是天天有的事。老板几次想炒我鱿鱼，都被我朋友给"化解"了——这是我表弟，你炒他，我炒你。朋友是高手，一个人可以管四五桌，我连两桌都管不好。我就不是做服务员的料。深夜客人少的时候，老板会和我们聊聊天。她说，你们这些学生做不来服务员，还是你们大陆偷渡来的这些人更好用，能吃苦，踏实。她说的那个偷渡来的人姓王，福建人，他睡客厅的床，我在他床边打地铺。他是大厨，做起菜来上下翻飞，就是味道不怎么样。他做的馄饨汤像刷锅水，有对在纽约工作周末住科德角的夫妇每个周日都来买一大桶带回纽约喝一个星期，说从没喝过这么好喝的馄饨汤。老王在这家台湾人开的中餐馆干了十几年了，最远去过波士顿中国城的地下赌场，几乎从来没有休假过，非常踏实，非常稳定，至今还是一句英文不会讲。我在那个餐馆做了一个月，就开学去学校了。那段经历虽然短暂，但也很难忘。两年后我在科德角的一家 IT 公司做实习生又专门去过那家餐馆点了一份炒饭，和老板娘又见面了。老板娘感慨万千，说我果然有出息。我对老板娘说，很抱歉我当时没做好侍应生，太难了，比写程序难多了。而我的朋友那时还作为侍应生高手转战马萨诸塞州的各家中餐馆。

三百六十行，行行出状元。服务行业从来就不丢人，做好服务业也从来就不是件简单事。伺候人需要手脚麻利，嘴巴甜，有眼神，会变通，做得好，让被服务的人有如沐春风之感，自然、舒服。上海、北京，这些一线大城市的人现在做服务行业的大多是家里的独生子女，从小娇生惯养的，被伺候惯了，怎肯伺候别人呢？所以，我们看到在很多外地人眼里已经是金饭碗、铁饭碗的高质量的岗位职位，因为是服务员，在这些"小祖宗"的眼里就成了心不甘情不愿的一份"低贱"的工作。所以我们看到说着一口流利北京话、上海话的银行、政府机关、国有企事业单位、大企业、大单位的服务人员整天一副晚娘脸孔加受虐迫害症的表情，让人感觉，顾客其实是孙子，他们才是上帝。

海底捞只用农村来的农民工当服务员。再苦再累他们都能坚持。有偶尔累过头了想辞职的，张勇一句，"你想一辈子当农民吗"，人家就又横下心来接着干了，就像老王没攒够钱不想回中国一样。北京首都机场领导看了黄铁鹰写的《海底捞你学不会》后找到黄，让黄给北京首都机场的干部们培训如何做好旅客服务，黄想了很久后，告诉他们，把机场做服务的"阿哥"和"格格"们都请走，换上农民工就行了。

躺地上，举双手双脚赞成。

海归创业有没有优势

最近看了组数据，20 世纪 80 年代改革开放之初到 80 年代末期间，企业家大多农民出身，他们办乡镇企业，成为中国的第一代富人。90 年代，尤其在邓小平发表"南方讲话"后，兴起了官员辞职下海办企业潮，他们大多从事金融、地产、高科技企业，成为中国第二批富人。而 21 世纪则是海外华人留学生回国创业的高峰期，从事的也多是和互联网相关的产业。

半年前在华西村见到现在的"掌门人"吴协恩，吴仁宝的四儿子。他带着我们看了华西村的展览厅，在一幅华西村领导组织架构图前，我停下了脚步，饶有趣味地仔细看了一遍。几乎就是吴家的家谱——吴家的儿子、儿媳妇、女儿、女婿、孙子、孙女、孙媳妇等都身居要职。而且，几乎所有孙子辈的都在美国、澳大利亚、英国留学，但是位置都已经给他们留好了。从这里也看出海归是过去这 10 年，也可能是未来这些年中国企业家的摇篮。中国企业要走出去，提高管理水平，锻炼在市场经济中的生存发展能力，离不开从市场经济的老巢——发达资本主义国家那里学习经验。

接力中国是一个年轻的由富二代组成的企业家俱乐部组织，这里不乏具有国际视野、雄心万丈、锐气冲天的年轻企业家接班人。高干子弟玩金融，老一代企业家围绕政府政策玩制度创新，而这一批新锐已经敏锐地把握住了中国经济发展的大方向，从技术、商业模式创新上寻找突破。他们是未来海归创业者在改变中国经济、商业格局方面的同盟军和有力竞争对手。

海归的优势在技术＋风险资本，但在对中国市场的把握上总是缺乏耐心。虽然有各地政府几乎一边倒的对海归和海归企业的优惠政策扶持，但要想成功，还是需要和本土力量、本土人才对接。团队中没有本土人才，就缺乏根基。不是那种打工的本土人才，是企业家本土人才。

海外留学多久为宜呢？我个人认为3～5年。少了，只能学些皮毛，多了回国会有reverse cultural shock（逆向文化冲击，针对海归做企业来说的）。

一家之言，很不成熟，但也是多年的经验之谈。企业家是一种精神，保持住它是人生最大的财富。

物以类聚，人以群分

昨天下午去参加了杨浦区的一个长三角企业与投资洽谈会。结果碰到三个认识的人。一个是上次去香港参加活动认识的企业老总，一个是帮我多次忙后来联系少了的律师朋友，还有一个是我大学同学（19年没见），他公司就在我隔壁。这不是什么巧合，因为这种事情经常发生。几乎每次出去参加活动，都有类似的经历。不得不让人感叹，世界太小了，不是吗？

这个世界非常大，无论从你占有的地方和认识的人来说，都是微不足道的。你之所以会有这种世界太小了的感觉，纯粹是因为"物以类聚，人以群分"。上午刚刚和一个朋友见了面，中午因为各自下午都有活动而分别，结果在下午的活动上又见面——两人参加的是同一个活动。

我喜欢参加各种各样的活动，运动的、旅游的、吃喝的、画画的、戏曲的、投资的、小区业主和物业吵架的，只要是活动，我都有兴趣参加。我原来在美国的台湾同学跟我说，他们台湾地区的人非常喜欢凑热闹，在电视上看到哪里出事了，全家人坐上汽车去看。这真是参加活动的"最高境界"啊。

如果住医院，一定不要住单人间，多孤独啊。住多人间，病友互相聊聊，就成了朋友了，而且还省钱。

人类交流的欲望是没有止境的。因为有交流的欲望，才产生了语言。交流有很多障碍，时间、空间是硬障碍，还有很多软的，比如，害羞的心理、怕被拒绝的心理、怕出丑的心理、不懂交流的技巧和礼貌，还有一点非常重要的，就是没有交流的环境。在国外，缺少的是可以交流的人；在国内，缺少的是可以交流的环境和场所。怪不得年轻人出门在外没精打采，一回到家里上了网，眉飞色舞，表情都生动起来了。网络已经从心理上成了年轻人的生活寄托所在了。

现实让人无奈，让人讨厌，网络虽然虚拟，但是它给人力量，给人快乐，给人友谊，给人知识，给人圈子，甚至，给人经济来源。年轻人可是代表未来的，"物以类聚，人以群分"，将来你突然发现大街上都没人了，可别以为这个世界要灭亡了，只是你那类人越来越少了而已。如果你还没将生活的重心转移到网络上，那么你就落伍了。

创业的三个层次

创业是一种生活态度，创业了，就不可能创业是创业，生活是生活了。所以看似偏离创业的主题，其实也不见得就不对题。Facebook 的小马哥（我应该叫他小马弟了），在做 Facebook 时也常感到疲惫、迷茫，但是找遍周围其他可以做的事，没有任何事情比做 Facebook 更有意义了。这就是创业，这也是使命感、方向感。

前两天和一个同龄的企业家朋友喝茶聊天，他说了几句话给我很大的震撼和启发。他说人有三个层次：第一个层次就是受教育，学习，工作，娶妻生子，社会上约定俗成的最基本的那些事。你做到了，你就达到做人的第一个层次了。第二个层次就是才能层面的，你找到自己之为自己的那个特殊标记——才能，将它发挥出来了，潜能激发出来了，你就达到了做人的第二个层次。第一个层次是普通人，第二个层次就是人才了。第三个层次是方向，能把握住人生的目的、意义的人，他就有了方向。他所有的力量、精力都会用在一个方向上。第一、第二层次的人可能会有南辕北辙、用不对力的情形，但是第三个层次的人会很笃定地生活，他所有的力量不会浪费，他的能量集中而有方向感。

这三个层次总结得太好了，人生大部分时间都被这个，被那个了。小时候被教育，被读书，被上学，被找工作，被结婚，被生了，看似主动，其实被动，受周围环境影响的；现在很多人被头房，被炒股，被旅游，被微博，丰富多彩的生活背后其实是更多的无奈、迷茫、麻醉。没有方向感，没有重心，没有目标。这样的生活是不可能幸福的。

刚开始创业的时候，总担心这个，担心那个，越担心，担心的事情反而越会一个个兑现。后来又执着，看重太多东西，反而搞得自己很累，对方也不愉快。越看重的东西，没有达到要求后，失望也越大。对方向要执着，但对细节、对过程不可太自以为是地执着。

人有三个层次，公司又何尝不是呢？曾经服务过的微软公司现在回头看看，就是一个缺乏方向感的公司，所以才会把为股东创造最大回报作为公司的方向和价值。微软从这个意义上说只能是家第一或者第二层次的公司。

小公司、创业公司应该先解决自己的生存问题。后面，一定要有远大的目标和理想，一个有方向感的公司自然就会有适合自己的企业文化。要争取做第三层次的人，做第三层次的企业。

营造你的气场

看了日本的一部电影《非常舞者》，宫本因为在芭蕾舞面试中跳群舞时总是比别人慢半拍而惨遭淘汰，回到她从小表演的小剧场兀自郁闷。好友透露给她，因为老板娘早就发现宫本这孩子跳舞有天分，就让其他所有舞者都配合宫本的节奏跳，给宫本充分发挥的自由和空间，因而造成宫本虽然极具天分，但是不懂得做配角跳群舞的尴尬情况。这时，一个高手出现了，点拨宫本：你需要感受周围的气场，培养对周围气场的敏感，当你能和周围的气场建立自由往来的联系后，你才有可能靠你更强大的气场去引领、领导它，但首先，你要能和周围气场建立联系。宫本做了很多尝试：蒙上眼睛装成瞎子在大街上溜达，去学跳街舞，和街舞高手们轧舞。最终顺利通过第二次面试，成了一名有才华的芭蕾舞演员，并在上海兰生大剧院的国际芭蕾舞大赛上夺得冠军。

整部片子舞蹈部分有不少看点，但给我留下最深印象和感触的是它提到了气场，对气场的理解和阐述很有意思。

最近有一部翻译的书名字就叫《气场》，英文原著叫*Charisma*。那么什么是 charisma 呢？百度百科是这样解释的：A rare personal quality attributed to leaders who arouse fervent popular devotion and enthusiasm。说白了，就是领袖气质。注意，它是一种"个人品质"，和职位、地位、钱财、长相关联度不高，它是一种我们可能全今也说不清道不白，无法解释的个人魅力及其影响力。翻译成"气场"挺贴切的。

气场有无科学证据？科学家对群鸟飞行用高速摄像机拍下然后研究，并计算鸟群如何转变飞行方向。结果是，如果单只鸟儿是靠观察它旁边的鸟的飞行做出反应和调整（加速、减速、俯冲、转向、爬升等）的话，这个反应速度是七十分之一秒。这比神经纤维的传递速度都快。鸟群的协同飞行不可能靠视觉，更不可能靠听觉，只能归咎于我们无法检测，也说不清楚的气场了。一定是有只鸟儿具备这种领袖气质，释放出强大的气场，所到之处其他鸟儿都纷纷臣服，统一在它气场的笼罩之下，这种气场的传递速度我们冒昧揣测如光速一般吧。我不知道你们信不信，反正我信了。

影响人的手段有多种，靠威胁，靠利诱，靠蛊惑，靠忽悠，靠气味，靠拳头，靠色相，靠欺骗，靠学识，靠外表，靠说，靠做，靠亲情，靠三十六计，靠充大，靠装嫩……但是有一种影响人的本事是最有力量的、最难学会的、最彻底的、最自然的、最有说服力的，那就是 charisma，就是气场。气场不是技巧所能代替的，刘谦的魔术再精彩，没有那气场，它就是一个魔术。郭冬临一出场，就带来了他特有的气场，整个节目有了一种浑然一体、流畅的感觉。整个春晚没有气场，只有节目，观众喜欢什么，不喜欢什么，有时候和节目没有什么关系，而是和气场有关。

"技巧是你的工具，步法是你的语言，忘掉它们，用你的气场去征服观众。"《非常舞者》中那个宫本的老师（高手）这样说。一个没有自己的气场的人就只能被有气场的人所影响。我们每个人一生当中的事业和爱情，就是一种个人气场的磨炼和发展，你拥有多大的气场，你就拥有多大的影响力、能量。影响力就是你改变世界、创造价值的能力。

培养自己的气场首先要从真诚面对自己开始。如果你不能以真实的自己面对别人，气场便无从谈起。我们其实都在一瞬间就解读了我们面对的那个人的气场：有，还是没有；强，还是弱；喜欢，还是不喜欢，都在那一瞬间就感受到了。婴儿不会说话，也听不懂话，但是他们能感受到气场。他们不会在乎你是领导、明星、大款，还是小老百姓，真实的那个你的气场和那些东西无关。气场还和文学艺术相关，其实，文学和艺术就是培养气场的最佳手段，我们现代中国社会太缺乏文学艺术修养了，所以我们只有下三滥的影响力和领导力，而没有真正的领袖气质，没有真正的强大的气场。

古希腊的字典里没有道德二字，他们推崇的是真诚。老子在《道德经》中也写到，"大道废，有仁义"，这里的大道应该和古希腊所推崇的真诚有异曲同工之妙吧。也许古人比我们现代人更有也更懂得气场吧。

科技改变人的
精神生活

家里有五台平板电视，装修房子时都给安墙上固定死了。楼下靠近厨房的那间房间里的电视不能接移动硬盘，自从可以从网络上下视频，家里已经很少买碟片了。不能接移动硬盘就看不了韩剧，白天老婆在这个房间里带孩子就感觉很无聊。买了个 iPad，可以看了。她还是不满意，还要拿在手里，不方便干活。上网搜索，找到 iPad 的 HDMI 转接器，这下可以把 iPad 接上电视了，大家都满意了。如果这样说科技改变生活，要遭人鄙视的。感觉太奢侈了。

年前买礼物，买年货，顺便买了些原来想都没想过的新鲜玩意儿，都是在网上买的。刷，几十元出去了，刷，几百元出去了，随着鼠标点击，感觉那一件件商品瞬间都飞到我家里来了，网络购物也有快感了。更不用说其他那些显而易见的好处：商品往往在本地买不到，价格往往更便宜，可以晚上下班了买，不用自己把它们拎回家。

　　"科技改变生活"这句话早就有了，自行车让人"走路"变得轻松快捷了，洗衣机让洗衣服变得不再是个苦差事了。坐在家里，看看周围，那些桌子、椅子、凳子、窗户、电灯、挂钩、拖鞋、书架、杯子……哪个不是科技改变生活啊？我们处于一个物质极度发达的时代，所以有人会时常发出感叹，其实生活中已经什么都不缺了。但对科技的理解如果仅仅停留在对物质生活的改善上，那就落伍了。

　　几年前见到一个创业者，衣衫褴褛，从浙江台州赶来见我。他身上发出一阵阵因为长期不洗澡而有的酸臭味。他随身带的一个笔记本电脑看上去就像是核爆炸后的幸存物一样，上面的黑垢可以种菜，一开机就发出电扇的轰鸣声。"这是我唯一的财产"，他自我解嘲。这也是他全部的世界，精神上的。这就够了，因为他只活在他自己的精神世界里。这样的年轻人越来越多。一个宅男对我说，他最大的梦想就是买一台 iPad，他在拼命攒钱呢。其实他是想买一个精神世界。

　　物极必反，从物质贫乏时代走过来的大人们对物质的孜孜不倦的追求让年轻人非常不屑。对很多年轻人来说，一台电脑一根网线就够了。对他们来说，物质是虚的，网络才是实的。网络所代表的那个精神世界才真正是节能减排绿色环保。父亲感叹说，他拿着 iPhone 是放在耳朵旁打电话的，而公司里那些小年轻们都是放在眼前看的，他们在看什么呢？我花了一个下午帮他的 iPhone 装了上百个应用后，他已经不敢相信自己的眼睛了。手机还可以当导航仪？还能语音识别？名片拍个照片就能自动识别？还可以看高清电视剧而且免费？还能玩游戏？这还是手机吗？

判断一个社会前进的方向就看这个社会中人们的时间都花在哪里。毫无疑问的是，越来越多的人把越来越多的时间都花在了网络上。如果说科技以前是在改变人的物质生活，那么现在，新的趋势是科技改变人的精神生活。

别想逃避社会责任

社会责任对中国的企业家来说似乎很遥远，仅简单地停留在解决了多少人就业吃饭上。社会责任对企业家到底意味着什么，我想通过我自己亲身经历的几件事来尝试着做出我的回答。

2004年我赋闲在家，好友 Carey 从美国发来邮件想请我帮忙联系一下上海证券交易所，说有一个10人左右的美国高中生和老师代表团想要参观上海证券交易所。她给上海证券交易所网站上留的信箱发了请求，但没有回应，因此请我打电话或者亲自去一趟，帮忙落实一下。小事一桩，我满口答应。很快我就联系好了，定好了日期时间，我打电话告知 Carey，并顺便问她都在做什么，这才了解到 Carey 在做好大一个事业。

Carey 大我几岁，本科在加州大学伯克利分校读的，因为向往中国，毕业后就来到南京大学教英文口语。在南京的时候就喜欢骑着自行车到处旅行，而且专捡乡下、偏远的地方去。每每被当地公安"抓获"并送回南大嘱咐严加看管。后来 Carey 又到了浙江大学，我是大三的学生，选修了 Carey 的英语口语课，慢慢成了朋友。没想到这友谊竟然一路发展，在我去美国期间也多有联系。知道她后来回了美国，又去斯坦福大学读了东亚政治与哲学的硕士学位，再后来去科罗拉多一起创办"Where the dragon is"，一个非盈利的旨在促进美国学生对亚洲的理解和了解的组织。再后来因为理念不和，Carey 离开了这个组织，去了西雅图，并结了婚。然后我们就有很多年没有再来往，直到这一次她要我帮忙。原来，她创办了一个新的非盈利组织，叫"Pacific Village"，她任总裁，有两个帮手，总部在她西雅图的家里，她则经常中国大陆、中国香港、中国台湾、印度、泰国、菲律宾、日本、韩国地飞来飞去，建立据点，规划项目。什么项目呢？就是一个个为期一个月左右的深度了解一个亚洲国家的历史、地理、文化和经济的针对美国中学和大学生的旅游项目。时间大多集中在暑期，带团的老师都是志愿者。

"范真，你知道，美国学生暑假都是去欧洲旅行，而且大多是背包游，可是我认为亚洲对美国未来更重要，美国人对亚洲了解太少，这很危险。我要从学生抓起，让他们早早感受，并理解亚洲。没有比亲身到一个国家进行深度旅行更能了解这个国家的了。所以，我才要做这件事。"Carey 向我解释了她创办 Pacific Village 的初衷。

这是大好事，何况又是如此好的朋友，我一定要帮，而且反正也没事，帮人帮到底，我自告奋勇愿意做志愿者，团队来中国，我负责接待。Carey 很高兴，说一言为定，然后给我发来这一组团的中国旅行计划。我一看，傻眼了。

这哪里是旅行，分明是探险。第一天在北京，爬野长城，下午和住在长城脚下的 广人家一起学习包饺子，了解中国饺子文化，晚上露宿野长城。第二天"正常点"，去游览故宫、颐和园等。然后是西安，再往后又是"探险"。徒步两天到甘肃一个偏远的寺庙，寺庙有个篮球场，他们要和喇嘛们进行一场篮球比赛，当然，也要顺便学点藏传佛教的精髓。最长的时间安排在了云南，要去丽江、香格里拉，最后回到上海，住外滩，花一天时间参观上海证券交易所和上海港（我额外联系并给加上的），再花一天时间整顿，总结，并学习。最后离开上海去香港，并从香港回美国。

Carey 说云南部分还缺一个志愿者，要不我就参加云南段的旅行。我满口答应。在云南昆明我第一次见到这个团，风尘仆仆的。三个老师（志愿者）七个学生（都来自美国东部殷实的家庭）。在旅馆一下榻，学习就已经开始了。欣赏中国古诗词，学说中国话。在丽江，一个老师带两个学生去菜市场买菜，老师不许说话，只能观察和记录（或拍照，或录像），学生要用自己学会的简单中文去和小商贩砍价。然后去丽江边上的一个古镇拜访一位老中医，学习中医的理论，并去当地的一家医院参观。去丽江当地的一家中学和同龄的中国学生一起上音乐课，互相 PK，表演。中国学生演唱了富有民族特色的民歌，表演了舞蹈。美国学生演唱了美国民歌 Piano Man。去拉市海的一所贫困小学捐赠了学习用品。学习了中国书法，尝试了针灸，吃了鸡爪、青稞糌粑、油条。在香格里拉的一所贫困小学，几个美国孩子流下了善良的同情的泪水，其中一个斩钉截铁地把自己钱包里所有的钱都拿了出来送给校长，希望能帮到那些穷苦的孩子。而就是这个孩子，来中国的时候还背着一背包的依云矿泉水，连刷牙都用它。我们也去了玉龙雪山，没有坐牦牛，没有坐缆车，避开乌压压的游客，我们自己爬上去，一路上还热烈讨论着文化和哲学的问题。

志愿者当中，一个是有着在尼泊尔寺庙修行三年经历的美国中学老师，一个是吃素的音乐家，还有一个是华盛顿大学的人类学在读博士，一个个性倔强的犹太女孩。音乐家极为风趣幽默，中学老师极为博学，犹太女孩的经历更是令人钦佩，她讲一口流利的中文，比 Carey 讲得还好。她曾经在泸沽湖研究摩梭人的民族志达一年之久。后来还回到泸沽湖协助美国国家地理拍摄一部关于摩梭人的纪录片。她有个摩梭人的"妈妈"及一个摩梭人的"姐姐"（就是我们去的那家中学的音乐老师）。她为人胆大心细，团队的很多决定都是她在拿主意。

我作为一个志愿者参加了一小部分的活动，也没帮上什么大忙，结果已经感受颇深了。那些孩子们对此行定会留下一辈子难以磨灭的印象。也许从此对亚洲，对中国及其文化就会产生兴趣，未来也就会有更多的交流学习。如果说喜欢是因为了解，那么厌恶恐惧就往往是因为不了解。Carey 所做的事情可能非常渺小，但是她一次影响几个人，是刻骨铭心的影响，是在那可塑性还强的年龄阶段进行的影响，意义就非同小可了。想想那些到亚洲到中国来猎奇的国外旅行者吧，他们有多少能够有机会如此深入地了解一个国家一个地区的历史、地理、文化和经济呢？Carey 这样的运作表面上看成本极高，但是如果能因此改变一个人的观念，在其思想深处种下一粒种子，将来它就能发芽、开花、结果。

我大学的一个同学也在云南，他有一次拖着病痛的身躯接待我时对我说，捐钱捐物改变不了一个贫穷孩子的命运，如果能够把这个孩子在他还小的时候送到大城市住上个把月，花不了多少钱，费不了多少事，但是就可以改变这个孩子的命运。因为他开眼了，见过世面了，从此也就有了奋斗的目的和目标了。我深以为然。

社会责任从狭义的角度来说就是不做恶，不做损害社会、损害环境、损害他人的事情。这既是个人也是企业的道德底线。仅仅不做恶并不能让这个社会变得美好起来，广义的社会责任还应该包括积极地推行善。行善言，做善事。当你到处播洒爱的、善的种子时，社会收获的就是爱和善。个人有个人的社会责任，企业也有企业的社会责任。企业生产的产品、提供的服务，应该给人带来快乐、健康，而不应该打着为股东创造价值的幌子唯利是图，予取予夺，不择手段。垄断企业要善用自己的垄断地位，不可有利用垄断地位谋取利益的行为。企业要善待员工，创新创造，节约但不偷工减料，不断提高产品质量、服务质量，不搞歪门邪道，不行贿；抵制各种肮脏的桌下、私下交易；让一切经营都在阳光下进行。你说我很天真，我反驳，我认为你很幼稚，你错把一时的侥幸当成成功，你自己眼瞎耳聋，却以为别人看不见听不到。你以为抱着钞票却晚上失眠是幸福，你以为自己做的恶不会殃及下一代，你以为别人过得好不好与你无关，你以为自己可以独立于这个社会生存。你才是幼稚到了极点，天真到了极限。社会责任和你作为一个儿子、丈夫、父亲的责任一样是与生俱来的，你不担当这个责任，你就不配生下来，娶妻子，做父亲，生活在这个社会。

让精英走开

父亲又要做手术了，让我告诉他几个可以下载 RMVB 电影的网站，这样他可以事先下载并在他的 MP5 中装好电影，住院的时候就不无聊了。我在电脑中打开百度，输入"人人影视"，然后点击第一个链接，说："喏，就这个，人人影视。"父亲说等一下，去找笔和本要记网址。"太落后了，不用记，记住人人影视就好了，到时在百度上一搜，就行了，很好找。""我不会你那高级玩意。"父亲还是执意要记下来，他那个本子上已经分门别类地记录了好多网站了，每个网址前还忠实地写上 www。

我不知道自己从什么时候开始改变了以前的习惯。我曾经也用收藏夹对常去的网站进行记录和分门别类，也用雅虎、新浪之类的导航网站，但随着谷歌和百度的出现，这些习惯没有了。开始越来越依赖搜索了，主页也变成谷歌或者百度了。脑子里再也不用记那些复杂的一长串的网址了。只要记关键字、关键词，到时一搜就好了。我敏锐地感觉到了这种方式的便捷和优势，我的习惯也就改变了。像我父亲这样的后知后觉甚至不知不觉的人，要改变以前落后的习惯还需要时间和过程。不过，比起他的同龄人，他已经"时髦"多了。他挖地雷 106 秒的记录至今全家没人能破。看他在电脑上挖地雷你不会相信这是一个 70 岁的老头，太潇洒了。

　　父亲母亲的 MSN 上只有不到 20 个联系人，全是我们儿女、亲戚、几个最要好的朋友，仅此而已。网络本可以让他们和更多人建立联系，但是他们选择通过网络联系自己最亲近的人，好像天天见面还不够似的。网络上大多是他们这类人。这也是 Facebook 这么成功的原因——和自己最亲近的人建立最亲近的网络关系。网络本质上是平民化的。这里没有一个统一的中心节点。但是信息的传递比具有权威和巨大观众群的官方媒体还迅速，覆盖面还要广。每次有重大新闻事件发生，第一手的、最鲜活的资料往往是在网络上先曝光，然后引起媒体的注意，再对事件进行深度挖掘和报道。网络语言似乎也具有一种魔力，流行传播开来后，连官方媒体也受到了影响。有网友戏言道，春节联欢晚会就是炒网络段子的冷饭。网络不是严格意义上的媒体，但却似乎比媒体更有影响力。网络上没有精英，但似乎精英们要反过来从网络汲取营养。韩寒写的书可能没多少人看，但韩寒的博客却有上千万粉丝，几乎他的每篇博客文章都会引起轰动，引起巨大反响。他，不是什么精英，也刻意避开使用任何带有精英意味的文字，但他却火了，好像韩寒成了网络媒体的化身和代言人。每个网络人似乎都从韩寒身上看到自己，看到自己的潜能、力量和影响力。

美国、英国的真人秀为什么没有在网络时代之前出现，而恰恰是在网络发达的现在风靡一时呢？真人秀其实就是平民秀。网络给了普通人、平民以等同于精英的权力和力量——你也可以有舞台，有观众，只要你敢秀，就有人爱看。观众在激动地为台上和自己一样普通的表演者喝彩的同时，其实也是在为自己喝彩，为身边的人喝彩，为那似曾相识的感觉喝彩。

一个叫"大旗"的网站在自己首页上的宣传口号上写着，"让精英走开"。是的，想想看吧，对你影响最大的不是精英，恰恰就是你身边最亲近的人。而网络给了无数这样的人以话语权。他们不会装饰，不懂修辞，甚至缺乏逻辑，但是很有常识，语言朴实有力，有事实，有根据，有经验，不瞎掰，他们本来是弱小的，没声音，没形象的，是网络让他们鲜活起来，生动起来，真实可信，感人动人，他们的存在本身就让精英们汗颜，他们让精英们突然感到自己其实啥也没穿，啥也没有，在可笑地裸奔呢。网络，真的是让精英走开。

先幸福，再成功

哈佛大学一份研究报告指出，每有一篇研究积极心理学（positive psychology）的论文，就有 21 篇研究负面（抑郁、忧郁、精神分裂等）心理的论文。人类似乎对负面的东西比对正面的东西更感兴趣。

托尔斯泰说过，"幸福的家庭都是一样的，不幸的家庭各有各的不幸"。既然幸福和快乐都是一样的，而不幸和不快乐各不相同，从研究角度来讲，多些不幸和不快乐的研究自然顺理成章。只是……

我们似乎没有从不快乐、不幸福的研究中得到快乐和幸福。

2003 年春节，和父母一起开车去青岛过年。车到江阴大桥，封桥了，过不去了，要转去坐车渡。排了几个小时的队，终于上船了。我还在不停地诅咒着这天气、这大桥、这混乱的车渡、这耽误的时间。父亲点着一根烟一边抽，一边看着滔滔的江水，缓缓地对我说："你如果天天都是看到这些阴暗面，你怎么快乐得了？"

我们都知道一个成语"视而不见"，爱因斯坦也说过，"你看到的都是你想看到的"。我们以为我们的眼睛像照相机——忠实地记录实际的场景，这大概不错，但是看没看到，眼睛说了不算，大脑才有决定权。大脑"想"看什么，就看见什么；大脑没想看的，就"视而不见"了。

我的大脑"想"看社会阴暗面，我就天天看到社会阴暗面，因此我心里更加阴暗，我大脑已经被阴暗充满了，光明进不来，我也就不可能快乐起来。

成功人士的生活中不是没有阴暗面，大家都生活在同一片土地、蓝天、城市中，呼吸的是同样的空气，吃的也是同样的食物，为什么成功的人就能够做到幸福快乐，而我们大多数人只能不幸福不快乐呢？原因无他，因为成功的人不是因为成功了才幸福才快乐，而是因为他先幸福快乐了，才最后成功了。如何做到幸福快乐呢？你关注它，你就拥有了，就这么简单。

玛瓦·柯林斯（Marva Collins）是美国一位黑人女教育家，她自己开办学校，教育那些"落后"学生，她的学生后来都非常成功，里根和老布什这两位总统都曾提名她做教育部长，她却拒绝了，她更喜欢直接面对孩子。她有什么法宝教育这些孩子呢？就是从来都只关注孩子积极健康的那一面，拼命培养孩子积极健康的那些特质，让不健康、不积极的东西得不到关注，得不到滋生的机会。久而久之，她的孩子们都变得非常"强大"，有充足的能力去面对社会上、生活上的各种问题、困难。看，关注积极，关注健康，并不是逃避，而是先培养足够的正面能量、能力，这样你才有机会在未来去面对、去打败负面的能量和问题。很简单吧，这其实就是成功的秘密。

做好平凡就拥有了世界

几年前用积分换了从香港到东京的来回免费机票，趁国内"五一"长假一个人去日本玩了几天。下了飞机去坐机场大巴。等候机场大巴的时候我注意到那个穿着宽大工作服的娇小女生几乎是一刻不停地播报着每辆车的到站、离站，提醒旅客注意事项等（听不懂日文，猜测是这些内容）。从她的声音和神态中感觉不到疲惫，反而是一种非常敬业、专业的精神。半小时后我上了车，从车窗中再次回望那个娇小的身影在九十度鞠躬目送巴士离站，内心深处感受到一种深深的触动。

在银座一家歌舞伎剧院门口排队等候入场时，一个小伙子开着一辆送货小面包车停到路边，他手脚麻利地下车打开后车门，一手一箱夹起两箱饮料来到一台自动贩卖机前，打开贩卖机，然后以飞快的速度往里装瓶，这时他手机响了，他好像在有意表演似的，一边接着电话，一边继续不停地往里装瓶。两个箱子一会儿就空了，他又熟练地拆解压平箱子，回到车子里又搬出两箱其他品种饮料，把剩下的空位填满。最后再关门，收拾好周围的垃圾后，开车走了。看他干活简直就是艺术，没有一个多余动作，干净，利索，又快又有节奏。那场歌舞伎演的是什么已经忘了，但送货小伙子的街头"表演"让我至今记忆犹新。

在新宿的一个商场里，墙角的一个狗洞大小的门开了，从里面爬出来几个清洁工，她们快速地清扫了可能是几分钟前顾客留下的污物后，就又带着她们的工具爬进那个"狗洞"躲了起来。我为她们感到难过，但也为这个商场、这个国家如此注重形象而感到佩服。

《邮差弗雷德》一书说到，"做一个一流的货车司机也比做一个三流的官员更有成就感和幸福感"。这个世界上真的是只有专业分工的不同，而没有高低贵贱的区别。尽自己最大的努力做好平凡，你自然就拥有了一切。在别人眼里你也许就是个送信的，但你自己认为自己是整个社区的邮件管理管家和专家，你看工作的眼光、你所理解的工作的价值和意义就开始大不相同了。你将成为一个连职业演说家都佩服、都学习的楷模了。

一个平凡的报站员因为懂得自己准确而又及时的报站和提醒可以帮助旅客坐对车，她赋予了自己那平凡工作以不平凡的意义，赢得了周围人的喜爱和尊敬。我，一个过客，一个连日文都听不懂的过客在30分钟内就被她吸引、征服了。你能说她的工作不重要、不出色吗？

那个送货的小伙子应该参加吉尼斯最快贩卖机装瓶比赛，熟能生巧，巧就是艺术，就是享受了。他工作时有将整个世界掌握在自己手里的感觉。他的工作和那些足球、篮球、网球明星的工作相比，有什么本质上的不同吗？

当搞卫生的清洁工钻进"狗洞"样的门躲起来时，她们却赢得了周围人的尊重和敬意。她们没有显得卑微，反而分外地高大。她们以自己的委屈换得周围环境的干净整洁，她们和浑身沾满颜料的画匠、浑身泥土的园艺师一样是美好世界的创造者、维护者。

做好平凡就是不平凡，因为任何一个所谓的平凡其实都是一个世界，一个完整的世界。做好它，你就拥有这个世界，一个完整的世界。

比别人坚持得
更久一点

在南京开会时我随手拍下路边一个广告牌，是一个汽车服务的广告，大大的图片下方是一个网址：www.xgo.com.cn。图片上 X 被夸张地画成一个立体的交叉的路口，马路上印着一个"Go"。我之所以拍下这个广告是因为这个域名以前是我们的。我们公司最早的网站就是 www.xgo.com.cn，是个 3D 购物商城，我们简称它为"X 购"。后来我们上新版本时，认为 X 购不好听，才有了现在的 www.ekarma.cn。X 购域名就没有再续费，后来就被别的公司抢注了。没想到这次在南京路边就看到了。挺好，这个域名给这家公司挺合适，也算物尽其用了。

意大利人梅乌齐（Antonio Meucci）在 1860 年发明了电话，并且为他的"远距离传音"技术申请了专利，原理和 16 年后贝尔发明的电话相同，但是因为他家中贫困，又缺乏商业头脑，1874年他没有续费延长专利期限。两年后，1876 年，亚历山大贝尔和伊莱沙·格雷在同一天（2月14日）分别申请了电话专利。之后两人都互相指责对方剽窃。贝尔最终获得专利。但是那个梅乌齐没有人记得。

我不是想说明续费的重要性，不，那不是关键所在，那甚至都不是个事。关键的是，你是否比别人更清楚你在做什么，它的意义，它的重要性。如果你清楚，你自然就会坚持。而坚持是创业成功的秘密。

任何一个颠覆性、创新性的发明、技术或者思想在它诞生时都有好几个母体，但最终都只会有一个胜出，胜出者就成为这项技术、发明或者思想的代名词，而其他的就会被遗忘。赖特兄弟发明了飞机，他们之前的那些先驱们就什么都不算了；达尔文发明了进化论，华莱士就没人记着了。我们在为这些"幕后英雄"鸣不平的时候，是否也应该考虑一下那些成功者靠的是什么。

刚开始创业的时候，很多人都说，你这个想法我早就有了，或者早就有人做过了，只是成功的却还没有。所以，我这个想法并不新，就像电话一样，在贝尔和格雷16年之前就有个意大利人（天知道，会不会还有德国人、法国人，或者其他美国人）也想过，也做过，也实现过，甚至也申请过专利了。问题是他们没有坚持，就像那个意大利人坚持了14年还是放弃了一样。我们生活在同一个时代，有相同、相似的想法并不奇怪，无论是认为自己的想法多么精妙、多么富有创意，十有八九别人也有同样的想法。你做了，别人也做了。你做过，别人也做过。如果你"知难而退"放弃了，啊哈，别沮丧，十有八九，别人也是如此。你并不孤单。创业成功与否就看你是否能"一条道走到黑"。只要太阳明天还从东边出来，我就不放弃。有这么多人有过同样的想法，就说明这个想法靠谱，而这么多人因为困难而放弃，那我更要克服一个个困难坚持下去，只要我还活着，只要我还有能力，只要太阳还从东边升起，我就坚持。永不放弃！